via reise verlag

Wolfgang Kling

POLNISCHE OSTSEEKÜSTE

Swinemünde bis Kolberg

Symbole

via Tipp Lieblingsorte unseres Autors Wolfgang Kling

★ Highlights

1 Sehenswertes

1 Unterkünfte

1 Restaurants & Cafés

Hotels in der Hauptsaison (DZ)

€	bis 80 Euro
€€	bis 130 Euro
€€€	über 130 Euro

Inhalt

Swinemünde
Stettin

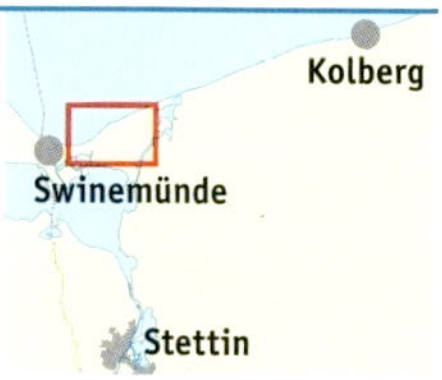
Kolberg
Swinemünde
Stettin

Kolberg
Swinemünde
Stettin

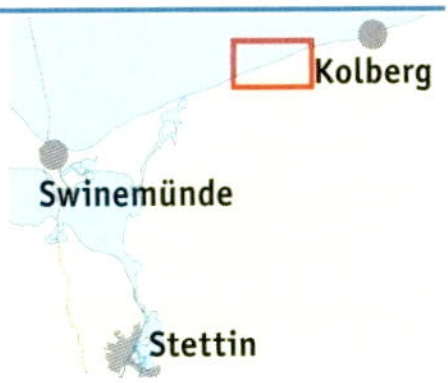
Kolberg
Swinemünde
Stettin

Kolberg
Swinemünde
Stettin

Das gibt es nur an der polnischen Ostseeküste

Bei den Fischern von Ustronie Morskie

Der idyllische Fischerhafen ist der kleine Bruder des berühmten Fischerhafens von Misdroy. Köstlicher Fisch, gebraten und geräuchert, Terrassen mit Meerblick, Kutter, Buhnen, Strand, Erlenrauch steigt aus den Räucheröfen. Urtümliches, authentisches Lokalkolorit (bei Kolberg, ► Seite 145).

Die Kirchenruine von Hoff...

...steht abenteuerlich direkt am steilen Abgrund der Kliffküste von Trzęsacz. Im 15. Jahrhundert stand das Gotteshaus noch fast zwei Kilometer vom Meer entfernt. Seitdem hat die See stetig an der Küste genagt, bis sie schließlich auch das Kirchlein mehr und mehr verschlang. Heute trotzt das verbliebene und nun stark befestigte Mauerfragment standhaft der gefräßigen See und dient als skurrile touristische Attraktion (► Seite 101).

Café Horizon

Der Aus- und Weitblick ist überwältigend: Vom 13. Stock des Swinemünder Hotels Radisson Blu überblickt man die ganze Stadt, die Pommersche Bucht mit dem weiten, grenzüberschreitenden Sandstrand, den Usedomer Kaiserbädern und dem Seebad Misdroy auf der polnischen Schwesterinsel Wollin – ganz entspannt bei einem Glas Wein oder einem Kaffee (► Seite 59).

Domorgel von Cammin

Die rostrote „Kathedrale Pommerns“ gehört zu den wertvollsten Kulturdenkmälern Polens. Der große Anziehungspunkt der spätgotischen Kirche ist die beeindruckende Barockorgel von 1672, ihr barocker Prospekt ist ein filigranes Kunstwerk. Jährlich im Sommer findet das Internationale Orgel- und Kammermusikfestival statt, das Tausende Zuhörer in den Dom am Bodden lockt (► Seite 95).

Eine Fahrt mit der Küsten-schmalspurbahn...

... im Rewahler Land ist ein pures Familienvergnügen, Spaß für Jung und Alt. Das 100-jährige schmalspurige Bähnchen „saust" in den Sommermonaten mit 25 km/h an der Küste entlang und pendelt mehrmals täglich zwischen fünf kleinen Seebädern rund um Rewal. Fahrradmitnahme möglich (► Seite 103).

Der Wochenmarkt in Kolberg...

... ist wohl der größte Bauernmarkt an der polnischen Küste, urwüchsig und nachhaltig. Auf dem Gelände bieten die Bauern des Kolberger Umlands ihre frischen Lebensmittel feil: Allerlei Obst und Gemüse, auch die berühmten im Wasser der örtlichen Soleheilquelle eingelegten Kolberger Gurken, pommersche Kartoffeln und feiner Küstenhonig (► Seite 143).

Lebbiner Aussichten

Der atemberaubende Aussichtspunkt in Lubin hat etwas Magisches. Vor 1000 Jahren stand hier hoch oben an der Odermündung eine Schutzburg der Stadt Wollin. Heute blickt man von dort am steilen Ufer weit über das Stettiner Haff und das riesige Rückflussdelta der Swine mit seinen 44 Inseln. Einfach großartig! (► Seite 76)

Dampferfahrten...

... in Swinemünde, Misdroy, Kolberger Deep und Kolberg gehören zu den interessantesten maritimen Erlebnissen in den Seebädern. In Swinemünde tuckern die weißen Ausflugsschiffe zu den deutschen Kaiserbädern der Insel Usedom, starten zu abwechslungsreichen Hafenrundfahrten und steuern den höchsten Leuchtturm an der Ostsee an. Von Kolberg stechen im Sommer täglich Drachenschiffe und attraktive Piratenkoggen in See (► Seite 62, 75, 144).

Der Autor Wolfgang Kling...

... ist Verfasser zahlreicher Reiseführer für Deutschland und Polen. Besonders gern mag er die polnische Ostseeküste. Zusammen mit seiner polnischen Ehefrau Grażyna, die ihn bei diesem Buch tatkräftig unterstützt hat, lebt er in Berlin und Swinemünde.

Land & Leute

Die Ostseeküste zwischen Swinemünde und Kolberg ist heute eine herrliche, unkomplizierte Urlaubsregion im Nordwesten Polens. An den weiten Sandstränden und in den pommerschen Wäldern dominiert der Bade- und Naturtourismus.

▼ *Am Strand von Misdroy reihen sich kleine Fischbratereien aneinander*

Westpommern heute
Altes Kulturland mit großen Zukunftsplänen

Die Woiwodschaft Westpommern, Zachodniopomorskie, umfasst den gesamten westlichen Teil des historischen Hinterpommerns und nimmt eine Fläche von 23 000 Quadratkilometern ein. Die Hauptstadt ist Stettin, Szczecin. Der mit 1,7 Millionen Einwohnern eher dünn besiedelte Verwaltungsbezirk reicht an der Küste von Swinemünde über Kolberg bis Darłowo, dem einstigen Rügenwalde.

Die Woiwodschaft an der Grenze zu Mecklenburg-Vorpommern und Brandenburg ist wie ganz Polen eine vollkommen unkomplizierte Reiseregion, die Menschen dort sind ausgesprochen gastfreundlich. Nicht zuletzt mit EU-Euromilliarden hat man in den letzten zwei Jahrzehnten elementare Voraussetzungen für große Zukunftspläne geschaffen: Wesentliche Teile der maroden Infrastrukturen wurden erneuert, viele Städte und Ortschaften grundlegend saniert. Zahlreiche moderne Ferienzentren mit umfangreichen Wellness- und Spabereichen entstanden im alten Kulturland mit seinen kilometerlangen Alleen, seinen kristallklaren Seen, Flüssen und Wäldern.

Westpommern ähnelt durchaus

Das kleine Seebad Niechorze (Horst) liegt direkt am Meer und am Resko-See

der mecklenburgischen und masurischen Seenplatte. Denn die Woiwodschaft, eine der größeren der 16 polnischen Woiwodschaften, besteht nicht nur aus Küstenland, auch wenn die slawischen Ureinwohner einst ihrer Heimat den Namen „Po morje“, also „Land am Meer“ gaben.

Tourismus & Landwirtschaft

Der lukrative Tourismus findet bisher jedoch nahezu ausschließlich an der fast 200 Kilometer langen Küste Westpommerns statt. Das hat natürlich gravierende wirtschaftliche Auswirkungen: Während etwa die Arbeitslosenquoten im stark landwirtschaftlich geprägten Landesinneren mancherorts noch annähernd 15 Prozent erreichen, liegen sie an der Küste nur bei durchschnittlich fünf Prozent. In Swinemünde beträgt die Quote seit Jahren weniger als vier Prozent.

Die westpommersche Situation spiegelt mit Einschränkungen die Lage in ganz Polen wider. Etwa zehn Prozent der Beschäftigten arbeiten in der Landwirtschaft (EU-Durchschnitt drei Prozent!) und die wird in Polen nach wie vor sehr arbeitsintensiv betrieben. Das führt seit Jahren aus Konkurrenzgründen zum schleichenden Bankrott vieler polnischer Bauern. Dazu kommt, dass zahlreiche westpommersche Bauern Parzellen bearbeiten, die kaum fünf Hektar groß sind. Vom ökologischen Standpunkt aus gesehen hat das gewisse Vorteile: Es gab in Polen keine Agrarkatastrophen wie etwa BSE und die Nutztiere werden großteils artgere-

Westpommern

Polnisch: Woiwodschaft Zachodniopomorskie
Verwaltung: Die Woiwodschaft ist in 18 Landkreise unterteilt
Telefon-Vorwahl: aus Deutschland nach Westpommern: (0048) 91, nach Deutschland: (0049)
Fläche: 22 896 km²
Landschaftliche Struktur: Landwirtschaft 49,9 %, Wälder 36,2 %, Gewässer 5,2 %
Einwohner: knapp 1 688 000
Wirtschaft: Wichtige polnische Häfen in Stettin und Swinemünde, Werftstandort Stettin, Landwirtschaft, Tourismus (besonders Seebäder- und Kurtourismus an der Küste)
Arbeitslosenquote: ca. 5 %, Gesamtpolen 5,5 % (Stand 2023)

chter gehalten. Die sehr niedrige landwirtschaftliche Arbeitsproduktivität führt allerdings dazu, dass viele landwirtschaftliche Produkte zusätzlich importiert werden müssen. Die ökologische Landnutzung ist auch in Polen angekommen, es mangelt aber vor allem noch an der notwendigen Beschaffungsinfrastruktur.

Industrie & Natur

In der nordwestlichen Ecke Polens spielt die Industrie kaum eine Rolle. Überregionale Bedeutungen besitzen ausschließlich die Stettiner Gryfia-Werft, der Swinemünder Handelshafen, in dem Eisenerz, Kohle, Getreide, Stückgut, Holz und Container umgeschlagen werden, sowie das hochmoderne LNG-Terminal direkt an der Swinemündung. Hier wird seit Ende 2015 flüssiges Gas vorwiegend aus den USA und Katar angeliefert. Unmittelbar daneben ist ein ökologisch stark umstrittener Containerhafen geplant.

Seit 1995 ist Westpommern Mitglied der länderübergreifenden Euroregion Pomerania, zu der unter anderem die deutschen Hansestädte Stralsund und Greifswald sowie mehrere vorpommersche, mecklenburgische und brandenburgische Landkreise gehören. Zu den Zielen der deutsch-polnischen Kommunalgemeinschaft gehören gemeinsame Investitionen in Kultur, Wirtschaft, Infrastruktur und nicht zuletzt die grenzüberschreitende Entwicklung mit einem nachhaltigen Natur- und Ökotourismus.

Deutsch-polnische Geschichte

Polen ist ein vollkommen unkompliziertes Reiseland, die Menschen sind sehr gastfreundlich und offen. Trotzdem ist das nahe EU-Land Polen für nicht wenige Deutsche bis heute ein unbekanntes Land mit vielen Fragezeichen. Vorbehalte und Vorurteile gehen da nicht selten Hand in Hand. Doch der Tourismus, gerade auch an der westpommerschen Küste mit seinen schönen Seebädern, boomt. Und die meisten ausländischen Gäste kommen längst aus Deutschland.

Dabei verbindet die beiden Staaten während und nach dem Zweiten Weltkrieg eine wechselvolle gemeinsame Vergangenheit. Die deutsche Bevölkerung war vor der sowjetischen Armee geflohen oder wurde nach 1945 gewaltsam vertrieben. Polnische Einwohner rückten nach. Die allermeisten kamen nicht freiwillig.

Viele von ihnen hatten ihre Heimat im Osten Polens verlassen müssen. Auch sie verloren – wie die deutschen Pommern – durch die sowjetische Annexion ein reiches Kulturland mit vielen Traditionen. Seit einigen Jahren ist nun vielerorts in Westpommern das Bemühen unübersehbar, die deutsche Zeit als Bestandteil einer gemeinsamen deutsch-polnischen Geschichte Pommerns zu begreifen.

Eine Gemeinsamkeit wuchs damals und wächst noch heute auf den weiten Feldern mit ihren Sandmergelböden: die berühmte **hinterpommersche Saatkartoffel.** Die aus Südamerika stammende Knolle trat auf Befehl Friedrich II. im frühen 18. Jahrhundert ihren Siegeszug in Pommern an. Aus Dankbarkeit haben die Polen ihr ein Denkmal bei Biesiekierz nahe Koszalin (Köslin) gesetzt: Dort thront eine riesige Bronzekartoffel.

Buchtipp: Reise nach Pommern – Bericht aus einem verschwiegenen Land
von Christian Graf von Krockow
(*Verlag Rautenberg 2015*)

Vielfältige Geschichten und Erinnerungen an Vergangenes ohne jegliche Geschichtsnostalgie. Städte, Dörfer, die Landschaft, aber auch die Menschen Pommerns – die Heimat des Autors – werden von ihm bildhaft geschildert. Die komplexe deutsch-polnische Beziehung ist auch ein Thema des Buches.

Angeln an der Persante in Kolberg – beliebt bei Einheimischen und Urlaubern

Architektur
Reetdach, Historismus, Bäderstil

Die Verwüstungen des Zweiten Weltkriegs ließen in Pommern nicht viel alte Bausubstanz übrig. Die einst einheitliche Kulturlandschaft wurde weitgehend zerstört. Heute ist das architektonische Bild geprägt von einem Stilmix aus der realsozialistischen Nachkriegszeit und der Moderne.

Gotik, Historismus, Jugendstil

Aus mittelalterlicher Zeit ist nicht viel erhalten geblieben. Hier und da finden sich noch vereinzelt Bauwerke im Stil der Gotik: In einigen westpommerschen Landstrichen lugen noch spätgotische Kirchtürme aus den Dörfern und Kleinstädten, backsteinrote Überbleibsel aus dem 14. und 15. Jahrhundert, als das Pommerland schon längst christianisiert war. Zu den gotischen Highlights gehören in Kolberg der mächtige wieder aufgebaute Mariendom, das Gotische Haus, der Pulverturm, die kleine Johanneskirche im Vorort Budzistowo sowie Reste der mittelalterlichen Stadtmauer. Im schmucken Städtchen Trzebiatów (Treptow an der Rega) blieb das eindrucksvolle gotische Gotteshaus, die Marienkirche, erhalten. Drei spätgotische Kirchen besitzt Stettin.

Der vorherrschende Architekturstil der Gründerzeit war der Historismus (1871 bis etwa 1900): Unter den reichen Dekorationen der Fassaden werden historische Muster mit Bezug zur Gotik, zur Renaissance, zum Manierismus und zum Barock nachgeahmt. Das schönste Gebäude dieses Stils an Westpommerns Küste steht in Kolberg: das neugotische Rathaus, das mit seinen Zinnen an eine mittelalterliche Burg erinnert. Fast das gesamte „Pariser Viertel" um Stettins zentralen Plac Grunwaldzki ist im Historismus entstanden. Jugendstilelemente – Wende vom 19. zum 20. Jahrhundert – sind an der Küste recht selten anzutreffen. Aber im Seebad Misdroy auf Wollin gibt es in Promenadennähe noch etliche elegante Jugendstil-Villen. Im Zentrum von Swinemünde wurde eine ganze Straße mit Gebäudefassaden aus reinstem Jugendstil formschön restauriert, die ul. Hołdu Pruskiego.

Bäderarchitektur, Platte und Retrostil

Vor allem in den Bädern Misdroy und Swinemünde dominiert in ihren alten Kurvierteln noch zu größeren Teilen die Seebäderarchitektur aus der vorletzten Jahrhundertwende. Wie der Historismus ist auch sie ein Stilgemisch. Charakteristisch sind Kombinationen von klassischen Formen mit Jugendstilornamenten. Es dominieren Loggien, Ecktürmchen und Erker aus Holz, meist filigran gearbeitet und verziert. Im krassen Gegensatz dazu stehen die tristen Plattenbauten aus der realsozialistischen Nachkriegszeit, die an den Peripherien der größeren Ortschaften in die Höhe gezogen wurden. Nach der politischen Wende um 1990 hat man viele Neubauten oder auch ganze Viertel im historisierenden Retrostil, also in Anlehnung an ehemalige Stilrichtungen, errichtet. Das ist in Kolbergs und Stettins „neuen Altstädten" sowie im neuen Kur- und Apartmentviertel Swinemündes zu bewundern.

Polnische Lebensart
Traditionsbewusst und freiheitsliebend

Die polnischen Gotteshäuser sind noch immer allerorten zur Sonntagsmesse brechend voll. Die katholische Kirche versorgt ihre Gläubigen mit einer handfesten Lebensmoral. Doch vor allem im Westen und im Norden des Landes bröckeln die althergebrachten Werte zusehends. Musik ist ein fundamentaler Bestandteil des Lebens in Polen.

Glaube & traditionelle Werte

Über Jahrhunderte war Polen sowohl ein multinationaler als auch ein multikonfessioneller Staat. Nicht zuletzt der Naziterror im Zweiten Weltkrieg und die erzwungene Westverschiebung des Landes haben dies zunichte gemacht. Heute sind 95 Prozent der Polen Katholiken. Die inbrünstige Religiosität und Frömmigkeit vieler Polen scheint über die Jahrhunderte fast unverändert geblieben zu sein, wenn man am Sonntagmorgen im Land unterwegs ist: Es gibt kaum eine Kirche, die zur Sonntagsmesse nicht von Gläubigen überquillt, sodass zahlreiche draußen vor der Tür den Gottesdienst verfolgen müssen. Und es gibt wohl kaum ein anderes christlich geprägtes Land, in dem so viele neue Gotteshäuser gebaut werden. Doch die Macht der katholischen Kirche schwindet allmählich, vor allem in den Städten und bei jüngeren Polen. Die Formel „Polnisch = katholisch" hat in den letzten Jahren Risse bekommen. Nur noch rund ein Drittel der polnischen Katholiken hält sich an die Glaubens- und Lebensregeln der Kirche. Denn der Klerus, so heißt es, versuche zu stark, sich in die Tagespolitik und vor allem

Der Kirchenbesuch ist für viele Polen ein festes Sonntagsritual

Polnisch …

… gilt als die komplizierteste slawische Sprache. Für die deutschsprachige Zunge ist die polnische Aussprache ein Graus und geradezu Schwerstarbeit. Man mag kaum glauben, dass einem irgendwann das Kunststück gelingen könnte, grandiose Zungenbrecher wie *w stizebrzeszynie chrząsz brzmi w tczcinie* („In Szczebrzeszyn tönt der Käfer im Schilfrohr“) verständlich über die Lippen zu bringen. Dazu kommt es bei den stark von Konsonanten und vielen Zischlauten geprägten Wörtern auf eine exakte Aussprache an, um sogleich verstanden zu werden. Auffallend ist der enorme Redeschwall der Polen, der in einem atemberaubenden Tempo vorgetragen wird. Die Stimmen erreichen dabei – je nach Stimmungslage – für unsere Ohren ungewohnte Tiefen, aber vor allem sensationelle Höhen. (Etwas Polnisch für unterwegs ▶ Seite 162)

in die Privatsphäre einzumischen. So demonstrierten jüngst Tausende Frauen selbstbewusst gegen die radikalen Abtreibungsgegner in Kirche und Staat.

Macht- & Politikwechsel

Die einen erlebten den Ausgang der polnischen Parlamentswahlen 2023 als katastrophales Erdbeben, die anderen als glücklichen Befreiungsschlag. Die von der Partei Recht und Gerechtigkeit (PiS) um ihren Vorsitzenden Jarosław Kaczyński geführte nationalistische Regierung wurde nach acht Jahren abgewählt. Sicherlich ein einschneidender Machtwechsel für das gespaltene Land. Das Programm des neuen Ministerpräsidenten Donald Tusk sieht denn auch gravierende politische Umwälzungen vor: Unter anderem die klare Trennung von Kirche und Staat, die Rücknahme des von der PiS begonnenen Umbaus des Rechtssystems, die Medienreform gegen die jahrelang zu Propagandakanälen umfunktionierten Fernsehsender sowie klimapolitisch der Ausbau von regenerativen Energien. Der ehemalige Präsident des Europäischen Rates will die „Rückkehr Polens nach Europa“ – eine gute Nachricht für künftige polnisch-deutsche Kooperationen auf regionaler Ebene.

Tanz & Musik

Tanzen ist in Polen fast ein nationaler Volkssport. Getanzt wird eigentlich überall, wo Musik erklingt. Die musikalische Richtung spielt da ebenso wenig eine große Rolle wie die Örtlichkeit, wo man Hüften bewegt und Beine schwingt. Weit über Polen hinaus berühmt ist der Polski-Jazz. Der gilt als besonders tief empfundener, fast spiritueller Jazz. In den Kompositionen finden sich daher auch Anleihen bei sakraler Musik, aber auch bei Folklore und Klezmer.

Überall in Polen, auf den zahlreichen und populären Festivals ebenso wie in vielen Musikcafés und Tanzclubs trifft man auf die enorme Vitalität dieser Musik. Denn die Polen haben den Jazz im Blut, sagt man.

Kunst & Künstler

Im frühen 20. Jahrhundert entdeckten berühmte Maler wie **Max Pechstein** (1881–1955), **Lovis Corinth** (1858–1925) und vor allem **Lyonel Feininger** (1871–1956) die hinterpommersche Küste als Inspirationsquelle für ihre Kunst. Der deutsch-amerikanische Maler, Grafiker und Karikaturist Feininger verbrachte zwischen 1891 und 1936 regelmäßig die Sommermonate an der Ostsee, von 1924 bis 1936 stets im hinterpommerschen Seebad Treptower Deep, dem heutigen Mrzeżyno (▶ Seite 118). Hier entstanden zahlreiche seiner Bilder mit Meer-, Strand- und Schiffsmotiven, wie etwa *Dünen am Strand* (1936) oder *Stiller Tag am Meer* (1926). „Die Küste ist hoch und steil, wunderbar weit in den Linien", schrieb er seiner Frau Julia. Hier an der hinterpommerschen Küste fand er alles, was sein Künstlerherz begehrte: das weite Meer, Dünen, Schiffe, alte Backsteindome, verwinkelte Städtchen, Wolken und einen unendlichen Himmel.

Vieles davon findet der Besucher im heutigen polnischen Westpommern naturgemäß immer noch vor, die Schönheit der Küstenlandschaft fasziniert ungebrochen.

Vor allem Mitglieder des „Kolberger Künstlerbundes", die monatlich in der Zeitgenössischen Kunstgalerie im Kolberger Rathaus neue Ausstellungen von Werken polnischer Künstler aus der Umgebung organisieren, wandeln mit ihren Bildern und den maritimen Motiven auf den Spuren der deutschen Vorkriegsmaler.

Direkt vor dem martialischen Denkmal der „**Vermählung Polens mit dem Meer**" (▶ Seite 135) stellen Künstler das ganze Jahr über ihre oft sehr ansehnlichen Bilder Open Air aus. Ihr Hauptmotiv: das Meer. Der Swinemünder Kunstmaler Marek Mamica malt in Spachteltechnik, auch

Marek Mamica bietet seine Bilder auch an der Engelsburg in Swinemünde an

Rohe Bernsteinstücke werden zu dem regionaltypischen Schmuck verarbeitet

seine Motive sind vorwiegend maritimer Natur. Er stellt in den Sommermonaten seine Arbeiten vor der Konzertmuschel an der Swinemünder Promenade und hin und wieder an der Engelsburg (▶ Seite 54) aus. Der Volkskünstler Stanisław Seta aus dem Seebad Dźwirzyno (Kolberger Deep) schmückt mit seinen Holzskulpturen Straßen und Plätze seines Heimatortes.

Der von der orthodoxen Kirche anerkannte Swinemünder Ikonenmaler Tadeusz Zieliński schafft mit althergebrachten Maltechniken eindrucksvolle Ikonen. Er malt auf Brettern, die das Meer anspült.

Kunsthandwerk

Zu den bekanntesten **Kunstkeramikern** Westpommerns zählt Franciszek Grabowski aus dem malerischen Dorf Warniłeg (Warlang) im Kreis Neustettin. Er arbeitet in einem stattlichen Schloss. Dort sind seine schönen Schüsseln und Skulpturen zu bewundern und zu kaufen.

Bernstein, polnisch *bursztyn*, ist eines der beliebtesten Mitbringsel aus dem Ostseeurlaub. Es gibt ihn in allen möglichen Formen, etwa als Ohrringe, Halsketten oder als Dekorationsstücke. Dabei handelt es sich bei Bernstein keineswegs um einen Stein, sondern um uraltes Harz von Bäumen.

Małgorzata Jablońska-Zielińska verwandelt das „Gold der Ostsee" in Kunst. Sie stellt Bernsteinschmuck auch in der Handwerkstechnik des 15. Jahrhunderts her. Im Sommer arbeitet sie im Atelier des Ikonenschnitzers Tadeusz Zieliński direkt gegenüber dem Westfort, nahe der Swinemündung.

ul. Jachtowa 4, Swinemünde | (M. Jablońska-Zielińska) 7 39 40 77 21

Zu Tisch in Westpommern

Klassisch, regional und innovativ

Die polnische Küche ist deftig, bodenständig und abwechslungsreich. Die Polen lieben ihre Gastro-Klassiker Bigos, Piroggen und Flaki (Kuttelsuppe). Doch inzwischen gewinnen moderne Trends mehr und mehr an Bedeutung: Angesagt ist in vielen Lokalen die regionale Ausrichtung der Gerichte, oft mit einem Touch kreativer Innovation. Nicht wenige mögen's mittlerweile auch vegetarisch und vegan.

Große regionale Unterschiede und Besonderheiten in der polnischen Kochkunst gibt es kaum noch, seit sich die Bevölkerungsgruppen aus den verschiedenen Landesteilen durch die großen Umsiedelungen nach dem Zweiten Weltkrieg „vermischt" haben. Ein Einheitsbrei in den polnischen Kochtöpfen war dennoch keineswegs das Resultat. Die polnische Küche ist abwechslungsreich: Neben Verschmelzungen mit der litauischen, der ukrainischen, der jüdischen und der alten österreichisch-ungarischen Küche gibt es sogar (ebenfalls) historisch bedingte Einflüsse aus der *cucina italiana*. Denn die polnische Königin Bona Sforza, Gemahlin von Zyg-

Rezept: Kolberger Hering

Zutaten für 4 Personen:
1 kg Filet vom Ostseehering
10 in Streifen geschnittene Zwiebeln
2 Gläser Speiseöl
Preiselbeeren
Pfeffer und Paprika
Zutaten für die Marinade
3,5 l Wasser
0,5 l Essig
9 Teelöffel Salz
6 Teelöffel Zucker
Lorbeerblätter und Pimentkörner
Zubereitung:
Heringsfilets enthäuten. Marinade aufkochen und abkühlen. Heringe für etwa 3 Tage in die Marinade geben, täglich durchmischen. Filets mit süßem Paprika und Pfeffer bestreuen, Zwiebelstreifen und Filets aufeinanderschichten, mit Speiseöl übergießen, mit Petersilie und Preiselbeeren dekorieren.
(Aus: *Smaczny Kołobrzeg. Kuchnie rejonu kołobrzeskiego* von *B. Mieczkowska-Miśtak*)

munt Stary, war eine Italienerin. Als sie Anfang des 16. Jahrhunderts nach Polen kam, fehlte ihr nicht nur die italienische Sonne, ihre Sehnsucht galt auch einigen leckeren Gemüsesorten aus ihrer Heimat. Um Bona glücklich zu machen, ließ ihr Gatte fortan Tomaten, Zwiebeln und Blumenkohl in seinem Reich anbauen. So heißt die Tomate auf Italienisch *pomodoro* und auf Polnisch *pomidor,* die Zwiebel in Italien *cipolla* und in Polen *cebula* und das polnische *kalafior* (Blumenkohl) kommt vom italienischen *cavolfiore*.

Die polnische Küche: deftig & bodenständig ...

In schier unglaublicher Vielfalt gibt es Suppen, wie etwa *żurek*, eine saure Roggenmehlsuppe, *barszcz,* die Rote-Bete-Suppe oder *flaki*, eine Kuttelsuppe. Das gewiss berühmteste **Nationalgericht Polens** ist **Bigos.** Der urpolnische Klassiker ist eine Art Krautgulascheintopf mit Sauerkraut, Weißkohl, Schweinefleisch, Wurststückchen, getrockneten Pilzen und Pflaumen, Speck, Kümmel und Zwiebeln. *„Jaki Bigos!"* („Welch ein Bigos!") sagt man denn auch in Polen, wenn man vor einem heillosen Durcheinander steht. Es schmeckt mehrmals aufgewärmt besonders gut. Die Polen lieben den Festschmaus, langes und genussvolles Speisen. Cholesterinüberladenes Slow Food. Von grünem Salat hält man eher wenig, der ist für Hasen und Kaninchen, sagt man augenzwinkernd. Dagegen bekommt der Gast das ganze Jahr über in den Restaurants als Beilage den legendären Rohkostteller *Surówka* serviert – verschiedene Krautsorten, eingelegte Karotten, Sellerie und Rote Bete.

... regional und innovativ

Mittlerweile hat sich die gediegene polnische Hausmannskost vielerorts und vor allem in den touristischen Zentren an der Küste zu einer volkstümlichen High-Class-Küche gemausert. Außerdem gewinnen heute in Westpommern regionale Elemente zusehends an Bedeutung, auch im Sinne einer Wiederentdeckung der traditionellen pommerschen Küche. Besonders in einigen Restaurants in Swinemünde und Kolberg.

Kaffee, Bier & Wodka

Die Polen sind leidenschaftliche **Kaffee- und Teetrinker.** Beim Kaffee *(kawa)* auf polnische Art wird das Pulver aufgebrüht, der Kaffeesatz bleibt also in der Tasse. *Kawa po turecku* (auf Türkisch) heißt diese traditionelle Art des polnischen Kaffees. Der Tee *(herbata)* wird zu Hause nach alter Sitte in Gläsern gereicht, an denen man sich die Finger verbrennt, weil sie keine Henkel haben. Zum Essen trinken vor allem Männer gerne **Bier (piwo).** Polnische Frauen genießen das Bier oft als *piwo z sokiem,* mit Sirup.

In Westpommern sind inzwischen wieder alte regionale Bautraditionen groß in Mode. So gibt es neben dem schon lange beliebten Stettiner Bosman auch regionale Biersorten aus Swinemünde, Kolberg und Rewal: piwo Świnoujskie, piwo Kołobrzeskie und piwo Rewalskie.

Das polnische Nationalgetränk, das „Eau de Pologne", ist und bleibt der **Wodka (wódka),** auf Deutsch ganz harmlos „Wässerchen". Ein Gläschen ist obligatorisch bei familiären Zusammenkünften. Bevorzugt aus dem großen Angebot werden der *Wyborowa,* der Roggenwodka *Żytnia* und *Zubrówka* mit dem Wisentgras in der Flasche. In diesem Sinne: *Na zdrowie!*

Typisch polnische Gerichte

Bigos: Das polnische Nationalgericht, eine Art Krautgulascheintopf mit Sauerkraut, Weißkohl, Schweinefleisch, Wurststückchen, Speck, getrockneten Pilzen und Pflaumen, Kümmel, Zwiebeln. *Jaki Bigos!* (Welch ein Bigos!) sagt man denn auch in Polen, wenn man vor einem heillosen Durcheinander steht.
Golonka: Eisbein
Szaszłyk: Schaschlik
Kaczka z jabłkami: Ente mit Äpfeln
Kurczak: Huhn
Barszcz: Rote-Bete-Suppe (Borschtsch)
Flaki: Kutteln in Fleischbrühe
Pierogi: Teigtaschen gefüllt mit Fleisch, Sauerkraut, Pilzen, Weißkäse oder Obst
Gołabki: Kohlrouladen
Zrazy: Rinderrouladen
Kotlet schabowy: paniertes Schweinekotelett
Karkówka: Nackensteak
Śledź: Hering in saurer Sahne
Chłodnik litewski: litauische Kaltschale, Rote-Bete-Suppe mit saurer Sahne
Żurek: Sauermehlsuppe mit Ei- und Wursteinlage, oft im Brotlaib gereicht
Ogórkowa: Gurkensuppe mit Dill
Rosół: Rinds-Bouillon mit Nudeleinlage
Kapuśniak: Sauerkrautsuppe mit Kartoffeln
Naleśniki: Pfannkuchen mit süßer Füllung
Babka: Hefekuchen mit kandierten Früchten oder Rosinen

Der Krauteintopf Bigos ist das polnische Nationalgericht

Pommern im Lauf der Zeit

Um 100 v. Chr.

Im Gebiet des heutigen Pommern siedeln vor allem ostgermanische Stämme der Rugier und der Goten.

Ab 375

Während der „Völkerwanderung“ wandern große Teile der ansässigen germanischen Stämme nach Süden ab. Im Verlauf der nächsten Jahrhunderte rücken nun Slawen aus dem Osten in die fast menschenleeren Gebiete nach. Der „Austausch“ der Völker ist zu Beginn des 9. Jahrhunderts abgeschlossen. An der Ostsee leben nun die Wenden, ein Sammelbegriff für alle zwischen der Weichselmündung bei Danzig und der Insel Rügen siedelnden Stämme der Westslawen. Diese Gruppen werden bald als Pomorani bezeichnet, die „po morje“ wohnen, also „direkt am Meer“. Daraus entsteht später der Name „Pommern“.

Um 950

Die Dänen unter Harald Blauzahn beherrschen das pommersche Küstenland. Sie treiben einerseits Handel mit den Küstenbewohnern, zerstören aber auch bedeutende Marktplätze. Auf der Insel Wollin sollen sie die riesige und legendäre Handelsstadt „Vineta“ (auch „Jomsborg“ genannt) gegründet haben.

1121

Gegen Ende des 11. Jahrhunderts schließen sich die bis dahin in lockeren Verbänden lebenden slawischen Pomoranen enger zusammen. Grund ist die Bedrohung aus dem Norden durch die Dänen, aus dem Südosten durch die Polen und aus dem Süden durch die Brandenburger. Wartisław I. vereinigt die slawischen Stämme und wird zum ersten Pommernherzog. Ihr gemeinsames Wappen zeigt das Fabelwesen Greif. Die Herrschaft der Greifendynastie hält mehr als 500 Jahre. Das autonome Herzogtum Pommern ist ein Pufferstaat zwischen Polen, Brandenburg und dem Kreuzritterorden.

1124/1128

Der Bamberger Bischof Otto unternimmt zwei Missionsreisen, um die pommerschen Heiden zu christianisieren. Er ist dabei sehr erfolgreich. Der fromme Mann lässt die Heidentempel zerstören, den Rumpf der dreiköpfigen Triglaw-Statue soll er eigenhändig zertrümmert haben. Die slawische Gottheit Triglaw symbolisiert die Macht über Erde, Himmel und Unterwelt.

1140

Gründung des Bistums Wollin. Es untersteht direkt Papst Innozenz II.

Ab 1153

Zahlreiche Klostergründungen.

1176

Das Bistum Wollin wird aufgrund ständiger dänischer Überfälle nach Cammin verlegt.

Herzog Bogislaw X. vereinte ganz Pommern wieder unter einem Herrscher

1181
Pommern wird durch Kaiser Friedrich I. „Barbarossa" in das römisch-deutsche Reich eingegliedert.

1295
Die Dynastie der Herzöge von Pommerellen stirbt aus. Es kommt zu Erbstreitigkeiten zwischen Brandenburg, Polen und Pommern-Wolgast. Pommern wird in der Folgezeit mehrmals aufgeteilt. Pommerellen – das Land südwestlich von Danzig mit Zugang zur Ostsee – bleibt auch in den kommenden Jahrhunderten Zankapfel der unterschiedlichen nationalen Interessen. Für die Deutschen bedeutet es eine wichtige Landbrücke zwischen Reich, Danzig und Ostpreußen, für die Polen wird es später ein lebensnotwendiger „Korridor" zum Baltischen Meer.

1338
Brandenburg beansprucht auf dem Reichstag zu Frankfurt/Main die Lehnsherrschaft über Pommern und erhält das Recht der Erbfolge.

1474–1523
Während der Regierungszeit von Herzog Bogislaw X. wird Stettin zur ständigen Residenz der Pommernherzöge aus dem Greifengeschlecht. Er setzt die Einheit Pommerns durch, Verwaltungsreformen und eine neue Finanzpolitik sorgen für einen wirtschaftlichen Aufschwung. Die Ansprüche Brandenburgs auf Pommern werden 1495 vor dem Wormser Reichstag abgewiesen. Die Greifen überlassen Stettin die Selbstverwaltung nach Magdeburger Recht.

1534
Der Landtag von Treptow beschließt die Einführung der lutherischen Leh-

re. Johann Bugenhagen (1485–1558) wird zum Reformator Pommerns. Doch mit der Reformation breitet sich in Pommern auch die Leibeigenschaft aus.

1618–1648

Die Kämpfe während des Dreißigjährigen Krieges verwüsten Pommern. Als 1637 das Greifengeschlecht mit Herzog Bogislaw XIV. ausstirbt, kommt es zu Erbstreitigkeiten zwischen Brandenburg und Schweden. Der Westfälische Friede 1648 beschließt die Aufteilung Pommerns: An Schweden fällt Vorpommern und die Odermündung mit Stettin, Brandenburg bekommt 1653 das wirtschaftlich uninteressante Hinterpommern mit Kolberg.

1700–1720

Pommern und Pommerellen werden zum Kriegsschauplatz des Nordischen Krieges, in dem Polen, Russland und Brandenburg-Preußen gegen die Vorherrschaft Schwedens kämpfen. Im Frieden von Stockholm erhält das junge Königtum Preußen nun die östlichen Teile Vorpommerns und Stettin. Im Verlauf des 18. Jahrhunderts erfolgt die systematische Trockenlegung von Sümpfen und Brüchen, 159 Dörfer werden angelegt, tausende neue Siedler kommen. Die pommersche Saatkartoffel ist bald in ganz Preußen beliebt und wortwörtlich in aller Munde.

1756–1763

Im Siebenjährigen Krieg fallen die Russen mehrfach in Pommern ein. Kolberg wird dreimal belagert und 1761 eingenommen.

Karte von Pommern im 17. Jahrhundert

1806–1813

Französische Truppen besetzen Pommern. Kolberg wird unter Gneisenau und Nettelbeck erfolgreich verteidigt.

1815

Im Wiener Kongress wird ganz Pommern zur preußischen Provinz.

1919

Nach dem Ersten Weltkrieg beschließen die westlichen Alliierten im Versailler Vertrag die geographische Trennung Ostpreußens vom Reichsgebiet. Hinterpommern ist nun Grenzland.

1930–1933

Die große Mehrheit der Pommern wählt stramm nationalsozialistisch und erhofft sich neben Arbeit vielleicht auch die Lösung ihres „Grenzproblems".

1939–1945

Der Zweite Weltkrieg zieht zunächst an Hinterpommern vorbei. Es wird zum Zufluchtsort für viele Deutsche. Vor allem Frauen, Kinder und ganze Schulklassen werden hierher verfrachtet. Doch der „totale Krieg" erreicht 1943 auch das Pommerland und die deutsche Massenflucht vor der Roten Armee beginnt. Nach dem Zweiten Weltkrieg wird die restliche deutsche Bevölkerung aus Pommern gewaltsam vertrieben. Polen aus den vormals polnischen Ostprovinzen, die jetzt zur UdSSR gehören, rücken in die verlassenen, ehemals deutschen Städte nach. Hinterpommern, Swinemünde und Stettin werden nach dem Zweiten Weltkrieg Bestandteile der Volksrepublik Polen (Oder-Neiße-Linie).

Seit 1990

Mit der Vereinigung Deutschlands wird Pommern westlich der Oder zum neuen Bundesland Mecklenburg-Vorpommern. Das ehemalige Hinterpommern ist heute weitgehend identisch mit der 1999 neu geschaffenen Woiwodschaft Zachodniopomorskie (Westpommern), Verwaltungssitz ist Szczecin (Stettin).

2004/2007

Die Republik Polen wird Mitglied der Europäischen Union. Drei Jahre später fallen die bis dahin noch bestehenden Grenzkontrollen weg.

2015

In Swinemünde wird das Gasterminal zum Entladen von verflüssigtem Erdgas (LNG) in Betrieb genommen.

2023

Der **Swinetunnel** in Swinemünde wird eröffnet. Der Straßentunnel unter dem Fluss verbindet die Inseln Usedom und Wollin.

Bei den Parlaments-Neuwahlen wird die konservative PiS-Regierung abgewählt. Ein Bündnis aus liberaldemokratischen Parteien bildet die Regierung. Neuer Ministerpräsident ist der ehemalige Präsident des Europäischen Rates Donald Tusk.

Zur Geschichte des Seebads
Als der Strandurlaub in Mode kam

Viele Jahrhunderte mieden die Menschen das Meer. Die See galt als Feind des Menschen, war bedrohlich und unheimlich. Es herrschte eine regelrechte Abscheu vor der Küste und dem Meerwasser. Da musste die Idee, ausgerechnet der See eine heilende Wirkung zuzusprechen, als verrückt gelten.

Doch die Idee, die aus England kam, entwickelte sich trotzdem ab 1750 unaufhaltsam zu einer therapeutischen Badebewegung, die sich bald zur Badekultur erhob und aus verarmten Fischernestern Luxusbäder machte: die Geburt des Seebads.

Bereits 1793 entstand das **erste deutsche Seebad** in Heiligendamm bei Doberan an der Ostsee. Weitere folgten in den 1820er-Jahren, darunter **Swinemünde, Misdroy** und **Kolberg.** Plötzlich wurden Kuraufenthalte an der bisher verhassten See zur großen, mondänen Mode, jedenfalls für die gesellschaftliche Minderheit, die es sich leisten konnte – für den Hochadel und das betuchte Großbürgertum. Man kam weniger zum Baden, sondern zum Sehen und Gesehen werden, um Geschäfte zu be-

Badebetrieb in Swinemünde um die vorletzte Jahrhundertwende

sprechen und nebenbei standesgemäße Vermählungen anzubahnen. Die noble Strandvilla wurde zur repräsentativen Sommerresidenz. Die Architekten zelebrierten einen neuen Baustil: die **Bäderarchitektur** – ein unbekümmerter Stilmix mit mannigfaltigen Schmuckelementen, Türmchen, Erkern, Wintergärten, Holzloggien.

Ab dem späten 19. Jahrhundert tuckerten Züge bis fast direkt an die Gestade. Dort stiegen jetzt auch Familien der bürgerlichen Gesellschaftsschichten aus – zur Sommerfrische, wie es hieß. Nach der Reichsgründung 1871 erlebten die deutschen Seebäder einen enormen Aufschwung. Die Besucher stiegen mit der Hochkonjunktur sprunghaft an. Swinemünde und andere Ostseebäder wurden zur „Badewanne Berlins".

Der Erste Weltkrieg unterbrach den Besucherboom. Bald darauf wehten die ersten Hakenkreuzflaggen auf den Seebrücken. Nach dem Nazikrieg wurde an der Ostseeküste zwischen Rügen und Danzig realsozialistisch geurlaubt. Der Bädertourismus erfolgte nun staatlich und planmäßig organisiert. Nach der Wende investierte man in die Modernisierung und Verschönerung der Kurorte. Nicht zuletzt mit Fördergeldern der EU erleben die heute polnischen Ostseebäder eine ungeahnte Renaissance, vor allem Swinemünde und Kolberg. Sie liegen voll im Trend: Wellness, Spa und Aktivurlaub. Ganzjährig und preisgünstig.

Landschaft & Natur
Meer, Strände, Wälder und ein Nationalpark

Vor etwa 12 000 Jahren zerfiel der mächtige Eispanzer über Nordeuropa vollends. Zurück blieben verschiedenartige Ablagerungen und Vertiefungen: Hügel, Sanderflächen und viel Wasser – das charakteristische Landschaftsrelief an der südlichen Ostsee und den angrenzenden Gebieten.

Die Ostsee – das Baltische Meer
Das 413 000 Quadratkilometer große und bis zu 459 Meter tiefe Binnenmeer wird auch **Baltisches Meer** genannt, *morze Bałtyckie*. Polen hat heute 524 Kilometer Küste aufzuweisen, vor 1945 verfügte das Land nur über einen 72 Kilometer breiten Zugang zum offenen Meer, den so genannten Polnischen Korridor. Erdgeschichtlich gesehen ist die Ostsee ein sehr junges Meer, gewissermaßen der Teenager unter den Meeren. Noch vor 12 000 Jahren waren Teile Nordeuropas von riesigen Gletschermassen bedeckt, die sich infolge der Erwärmung des Erdklimas in dieser Epoche nach Skandinavien zurückzogen. Die Baltische Senke füllte sich daraufhin zwischen dem Eisrand im Norden und den zurückgelassenen Geröllschuttmassen im Süden mit Wasser und ein riesiger Süßwasserstausee entstand, der Baltische Eis-

Am Fischerstrand in Misdroy

stausee. Wegen der ständigen Zufuhr von frischem Schmelzwasser stieg sein Wasserspiegel über das Weltmeeresniveau, so dass vor etwa 10 000 Jahren das gestaute Wasser erstmals zur Nordsee durchbrach. Nun lugten nur noch Inseln aus dem Wasser heraus. Und das bis heute. Vor 4 000 Jahren bremste die andauernde Landhebung Dänemarks die stetige Überflutung mit Salzwasser, der Wasseraustausch der Nord- und Ostsee nahm ab. Daher ist bis heute der Salzgehalt des Baltischen Meeres mit durchschnittlich 2,5 Prozent sehr gering. Dieser Mix aus Salz- und Süßwasser macht die Ostsee zum größten Brackwasser-Meer der Erde. Doch der fehlende Wasseraustausch mit der Nordsee bringt Probleme mit sich: Ohne das salzhaltige Nordseewasser wird der Grund der Ostsee nicht mehr genügend mit Sauerstoff versorgt. Die Folge sind Algenblüten und sauerstofffreie „Todeszonen". Auch die starke Erwärmung der Ostsee ist ein großes Problem. Die Folge ist ein katastrophales Aussterben ganzer Lebensgemeinschaften. Erwachsene Dorsche können beispielsweise nicht dauerhaft über 18 Grad Celsius ertragen.

In ständiger Veränderung

Die skandinavischen Gletscher schoben bei ihrem Vordringen nach Süden gewaltige Massen Gesteinsschutt vor sich her und walzten dabei die Erde platt. So entstanden einerseits die Küstenniederungen des mitteleuropäischen Tieflands und andererseits hügelige Höhenzüge am Ende der Vereisung. Diese **Endmoränen** sind charakteristisch

für die nordpolnische Landschaft. Bei den **Grundmoränen** handelt es sich um unter den Gletschern abgelagerten Schutt, der durch das Eis vom Untergrund losgelöst und mitgeführt wurde. In diesen Zonen ist die Landschaft leicht gewellt. Wo die Grundmoränenplatten bis an die Küste reichen, werden sie von der Strömung und der Brandung gekappt. Die Erosionstätigkeit des Meeres schafft **Steilküsten** mit schroffen Kliffbildungen, wie zum Beispiel bei Międzyzdroje (Misdroy) an der Küste der Insel Wollin. Die Kliffe bestehen hauptsächlich aus Ton und Lehm, in die eiszeitliche Geröllmassen eingelagert sind. Riesige Felsbrocken versperren nicht selten den Strandwanderern den Weg. Auch Stürme und Wellen verändern ständig das Aussehen der Küste. Sie nagen an den Ufern und reißen Stücke davon weg. Besonders im Spätherbst wüten Stürme an der Küste und die Wellen toben gegen das Land. Regen und Schmelzwasser graben tiefe Furchen in die anliegenden Hänge und Dünen. Im Winter arbeitet an ihnen der Frost. Die Sande werden mit West-Ost-Strömung anderswo wieder angelandet. Breite Strände wie bei Swinemünde, Nehrungen, Haffs und Dünen entstehen.

Beim größten Teil der polnischen Ostseeküste handelt es sich um eine **Ausgleichsküste** ohne nennenswerte Einschnitte, mit seichten Ufern, breiten Sandstränden und bewaldeten Dünen dahinter. Eine ausgeprägte **Haffküste** gibt es an der Odermündung nördlich von Stettin. Das **Stettiner Haff** ist fast schon ein kleines Meer. Es gehört zu einem lang gestreckten Areal von Boddengewässern, die durch Inseln, Halbinseln und Landzungen von der offenen See getrennt sind.

Küstenflora

Die maritime Dünenlandschaft unterscheidet zwischen **Graudünen**

Hinter den Ostseestränden gedeihen vielerorts Kiefernwälder

Im Herbst leuchten an der Ostseeküste die vitaminreichen Beeren des Sanddorns

und Weißdünen. Graudünen sind ältere Dünen, die eine geschlossene Vegetationsdecke aus Sträuchern, Gräsern, Flechten und Moosen aufweisen. Auf ihnen gedeihen Stiefmütterchen, die Sandstrohblume, die Braunrote Sitter und die Stranddistel, deren Bestand stark gefährdet ist. Die jüngeren und weitaus pflanzenärmeren **Weißdünen** werden besonders von zwei Grasarten befestigt: vom Strandhafer und vom Haargras. Weit verbreitet sind das Riedgras, der Tüpfelfarn und auch Maiglöckchen.

Am **Meeresstrand** gibt es nur sehr wenige Pflanzen, die sich den widrigen Verhältnissen anpassen können. Dazu gehört das Kalisalzkraut. An den Kliffhängen bei Międzyzdroje (Misdroy) findet man vor allem den Huflattich und den im Herbst schön orange leuchtenden Sanddorn. Die essbaren Beeren dieses dornigen Strauches sind sehr reich an Vitamin C. Die schöne blaublättrige und bis zu 60 Zentimeter hohe Strandaster wächst auf salzhaltigen Strand- und Sumpfwiesen. Weitere Arten, die in Strandnähe ihren Lebensraum haben, sind der Gemeine Pestwurz und die Strandrogge, ein sehr hohes und bläulich-grünes Gras, das zum Befestigen des Flugsandes sehr wichtig ist. Überhaupt bilden viele dieser Pflanzen eine **schützende Vegetationsdecke,** die verhindert, dass die Sandschichten auf den Dünen durch starke Winde und Stürme abgetragen werden. Passiert das, werden der Lebensraum dieser Pflanzenwelt und auch die Lebensgrundlage mehrerer Tierarten zerstört. Nicht zuletzt leidet der für die dort lebenden Menschen bedeutsame Küstenschutz darunter. Daher ist das Betreten vieler Dünenabschnitte streng verboten.

Auf den nährstoffarmen und trockenen Böden breiten sich vor allem **Kiefernwälder** oder **Kiefern-Eichen-Mischwälder** aus. Höchst beeindruckend sind die berühmten **pommerschen Buchenwälder.** Besonders im Küstenbereich Nordwestpolens haben sie oft eine weitgehend geschlossene Verbreitung, da die Buche die mergeligen Grundmoränenböden liebt. Die ältesten Buchen stehen im **Bukowa-Urwald** südlich von Stettin, an der Kliffküste bei Misdroy und an den steilen Hängen im Südwesten der Insel Wollin. Dort sind sie Bestandteil des Wolliner Nationalparks.

Vögel an der Küste

Im Wolliner Nationalpark brüten acht Paare des **Seeadlers.** Auch der Habicht, der Turm- und Wanderfalke, Kormorane, Weiß- und Schwarzstörche leben hier. Zurzeit versucht man, den **Uhu** an der Küste wieder heimisch zu machen. Bei den Schwänen, die auf den Ostseewellen schaukeln, handelt es sich um Höcker- und Singschwäne. Groß ist die Anzahl der langbeinigen Schnepfenvögel. Zu ihnen zählen der Große Brachvogel, der **Alpenstrandläufer** und die Bekassine, die im flachen Uferbereich nach Kleintieren stochert. Sie wird auch Himmelsziege genannt, da beim Sturzflug der Männchen zur Erde ein dumpfes meckerndes Summen zu vernehmen ist.

Zu den Möwenarten, die die Lüfte an der polnischen Ostseeküste dominieren, gehören die Lachmöwe, die Silbermöwe, die Sturm- und die Mantelmöwe. In Polen werden diese schönen Flugakrobaten „Schmuck des Meeres" genannt. Die kleinste und zahlreichste unter ihnen ist die **Lachmöwe.** Sie erreicht eine maximale Größe von 37 Zentimetern und hat einen weißen Körper mit grauen Flügeln und schwarzer Endbinde. Zur Brutzeit zwischen März und Juli tragen die Lachmöwen eine auffallende schwarze Gesichtsmaske.

Der Alpenstrandläufer sucht im flachen Wasser nach Nahrung

Wolliner Nationalpark

Entstehungsjahr: 1960, 1996 erweitert
Fläche: 109 km², davon 46 km² Wald und 47 km² Wasser, der Rest sind unbewaldete Ökosysteme
Waldbestand: 68 % Kiefern, 23 % Buchen, 7 % Eichen
Pflanzenarten: 1 300, davon 54 besonders geschützt
Vogelarten: circa 230
Wanderrouten: entlang der Misdroyer Kliffküste, zu den Wisenten und Seen, zum Stettiner Haff (Touren 2 und 3, ab Seite 76).
Eintritt: 7 zł/erm. 3,50 zł (Tickets online, am Wisentgehege oder im Naturkundemuseum)
Achtung: Die Mitnahme von Hunden ist im Park untersagt
Internet: www.wolinpn.pl

★ Wolliner Nationalpark

Der Park, polnisch *Woliński Park Narodowy*, umfasst den landschaftlich abwechslungsreichsten Teil der Insel Wollin. Er nimmt rund 20 Prozent der Inselfläche ein und erstreckt sich vorwiegend über den westlichen Teil der Insel. Die geschützte Zone wird durch eine **Moränenhochebene** geprägt. Sie gestaltet die Uferzone am Stettiner Haff und bildet an der Küste ein bis zu 95 Meter hohes **Kliff,** das durch das Meer immer weiter ins Landesinnere gedrängt wird. Bestandteil des Parks ist seit 1996 auch die imposante Landschaft des **Swine-Rückdeltas** mit dem kurvenreichen Verlauf der Alten Swine durch endlose Schilfareale und eine beeindruckende Inselwelt. Im östlichen Teil des Nationalparks liegt eine kleine Seenplatte mit mehreren nacheiszeitlichen **Seen.** Nahezu der gesamte Park ist von Küstenbuchen, von Eichen und von Kiefern bewachsen.

Im Park leben etwa 230 Vogelarten, rund 140 brüten hier. Darunter sind Grün- und Schwarzspechte, der Fliegenschnäpper und die Ringeltaube sowie der weltweit vom Aussterben bedrohte Seggenrohrsänger, ein putziger Singvogel, der nur noch in Polen, in der Ukraine und in Weißrussland größere Populationen besitzt. Der **Seeadler** ist das **Wappentier des Nationalparks** (sowie des polnischen Staates). Der imposante Vogel erreicht eine Höhe von 90 Zentimetern und eine Spannweite von 2,40 Metern. Im Flug ist er am keilförmigen weißen Schwanz und an den brettartig breiten, gefingerten Schwingen zu erkennen. Er horstet gern auf alten bis zu 30 Meter hohen Bäumen am Waldrand. Außer Fisch nimmt er auch Aas an und schmarotzt bei anderen Greifvögeln. Sein Lebensraum liegt stets am Wasser. Die Tiere können bis zu 40 Jahren alt werden.

In einem Freigehege kann man eine weitere seltene Tierart hautnah beobachten: **Wisente** (▶ Seite 75). Das **Naturkundemuseum** in Misdroy informiert umfassend über die Tier- und Pflanzenwelt des Parks (▶ Seite 72). Drei markierte Wanderwege führen in den Nationalpark. Die Wanderungen führen zu den Wisenten und zu den Seen (grün markiert), am Strand der Kliffküste entlang und auf deren Höhenzug (rot markiert) sowie nach Süden ans Stettiner Haff (blau markiert).

Vogelschutzgebiete & Naturreservate

Vogelschutzgebiet Kaseburger Werder (Karsiborska Kępa)

Das 180 Hektar große Schutzgebiet liegt im nördlichen Teil der **Insel Karsibór** (Kaseburg) und ist von der Hauptstraße über einen Lehmweg zu Fuß zugänglich. Rund 140 Vogelarten sind hier heimisch, darunter auch sehr seltene. Auf den feuchten, mit Niederschilf bewachsenen Wiesen brüten **Regenpfeifer** wie Uferschnepfen, Kiebitze und Rotschenkel.

Vom Beobachtungsturm am Wegesrand und einigen geschützten Plätzen nahe der Alten Swine, die sich hier um die Insel schlängelt, kann der Besucher aber auch **Seeadler, Rotmilane, Kampfläufer,** den **Wachtelkönig** oder die **Wiesenweihe** beobachten. Oder den sich blitzschnell bewegenden **Alpenstrandläufer.** Auf keinen Fall sollten Sie ein Fernglas vergessen! Ein wahrer Schatz des Reservats ist ein weltweit vom Aussterben bedrohter Winzling – der **Seggenrohrsänger.** Seine Lebensräume wurden im letzten Jahrhundert zerstört. Der seltenste europäische Singvogel liebt als Standort Niedermoore mit Seggenbeständen. Er überwintert in Westafrika.

Auf dem feuchten Boden dominiert eine einzigartige **Salzwiesenflora.** Das Schutzgebiet auf Kaseburg gehört zu den Überflutungsgebieten des Swinedeltas. Sie bilden ein einmaliges Archipel von Inseln, durchzogen von Kanälen und Flussarmen. Diese etwa 3000 ha große Region ist Bestandteil des Wolliner Nationalparks und ein wichtiges Rastgebiet für zahlreiche Zugvögel.

Pferdekoppel auf der Insel Karsibór

Im Naturreservat Farnland Kaseburg bedeckt Königsfarn den Waldboden

Naturreservat Farnland Kaseburg

Das *Reserwat Karsiborskie Paprocie* liegt etwa fünf Kilometer vom Swinemünder Zentrum entfernt, über den Radweg an der ul. Karsiborsk. Im 36 ha großen Schutzgebiet gedeiht der zum Teil über zwei Meter hohe Königsfarn besonders üppig. Aufgrund seiner Sporen tragenden Blätter, die Blumen ähneln, ranken sich um diese vom Aussterben bedrohte Pflanze Märchen und eine alte, slawische Legende. Danach soll der Farn einmal pro Jahr eine Blüte hervorbringen, und zwar stets in der Johannisnacht vom 23. auf den 24. Juni. Wer da diese Farnblüte entdeckt, wird Glück und Wohlstand ernten, heißt es. Na denn!

Durch das Waldgebiet *Swidny Las* führt ein **Naturlehrpfad** bis zum Inselkopf an der Kaiserfahrt, dem *Kanał Piastowski*. Dort hat man einen wunderbaren Ausblick über das Stettiner Haff. Die großen Sandberge stammen noch aus der Bauzeit der Kaiserfahrt, als man zwischen 1875 und 1880 den Kanal ausbaggerte.

Vogelschutzgebiet Liwia Łuża

Das heutige Schutzgebiet bei den Seebädern Niechorze (Horst) (▶ Seite 109) und Pogorzelica (Fischerkathen) (▶ Seite 112) entwickelte sich aus einer Nehrung, die über die Jahrhunderte so stark versandete, dass ein **Binnensee** daraus entstand. Der maximal nur 1,7 Meter tiefe See – früher hieß er Eiersberger See – ist heute nur noch künstlich durch den Liwia-Łuża-Kanal mit der Ostsee verbunden. Das seichte Gewässer ist daher leicht salzig.

Das Gebiet um den See hat man 1959 zum Naturreservat erklärt, um den Lebensraum mehrerer Vogelarten, wie den des **Wildschwans,** zu schützen. In diesem Sumpf- und Moorland rasten außerdem zahlreiche Zugvögel.

Ein sieben Kilometer langer **Wanderweg** führt um den See herum, er ist auch bestens zum Radfahren geeignet. Viele geschützte Pflanzen haben sich mittlerweile hier angesiedelt, darunter die Teichrose.

Honig (miód) aus Westpommern

Westpommern ist eine herausragende Honigregion. Bereits 1954 wurde in der westpommerschen Siedlung Biernatka die erste Bio-Imkerei Polens gegründet, inmitten einer waldreichen und fast unberührten Natur. Sie existiert noch heute unter dem Markennamen „Eko Barć 1954" und wurde mit dem Öko-Qualitäts-Zertifikat des Verbandes Ekoland ausgezeichnet.

Die westpommerschen Honige besitzen allerbeste Bioqualität, hervorzuheben sind Sorten mit der geschützten Ursprungsbezeichnung „miód drahimski" und „miód przelewicki", die im Erzeugungsgebiet endemisch vorkommen. Hier handelt es sich vor allem um Buchweizenhonig, Heidehonig, Rapshonig, Lindenhonig sowie Mischblütenhonig.

Unterwegs auf zwei Rädern

Die Radtour von Kolberg nach Ustronie Morskie ist Bestandteil des europäischen Küstenradwegs EuroVelo 10/R 10 entlang der Ostsee. Die rund 15 Kilometer dürfen zu den schönsten Teilstrecken in Polen gezählt werden (Tour 7 ▶ Seite 150). Fast durchweg hat man unterwegs Meer und Strand im Blick. Man passiert die Salzmoorlandschaft des Natur- und Vogelschutzgebietes Ekopark und kehrt schließlich am malerisch gelegenen Fischerhafen von Ustronie Morskie ein (Seite ▶ 145). Die gesamte Strecke, von Swinemünde bis Danzig beträgt annähernd 500 Kilometer.

Fisch kaufen

Sie sind schön anzusehen, die bunten Kutter auf den polnischen Stränden. Die Idylle trügt: Der Fischreichtum in der Ostsee nimmt durch Überfischung und klimatische Einflüsse stetig ab. Immer mehr Küstenfischer müssen Netz und Kescher an den berühmten Nagel hängen. Daher sollte man die örtlichen Fischer unterstützen, die nachhaltig fangen. Man kann direkt vom Kutter kaufen, Brätereien mit fangfrischem Fisch liegen oft nur wenige Schritte entfernt. Vorschläge gibt es auf der nächsten Seite.

Mit gutem Gewissen…

…Fisch essen:

Fischerhäfen
Wo die typischen bunt bemalten Kutter auf den Stränden stehen, sind Fischbratereien (Smażalnie ryb) nicht weit. So bei den Fischerhäfen von Misdroy, Rewal, Niechorze, Mrzeżyno (Treptower Deep), Dźwirzyno (Kolberger Deep) und Ustronie Morskie (Henkenhagen). Hier gilt: prosto z kutra, direkt vom Kutter auf den Teller.

Tawerna Rybacka
An der Marina der Insel Karsibór (Kaseburg). Herrliche Terrasse direkt an der Alten Swine: fangfrischer Fisch von den Inselfischern (▶ Seite 60).

Tawerna Gruba Ryba
In Dziwnów: Gute Fischgerichte aus eigenem Fang (▶ Seite 87).

Fischbraterei Kergulena
In Niechorze, gilt als die älteste Fischbraterei an der westpommerschen Küste (▶ Seite 111).

Fischbraterei U Cywila
Strandnah in Niechorze. Wird oft als eine der besten Fischbratereien Polens gelobt. Reichhaltige Speisekarte, darunter Heilbutt, Seezunge, Steinbutt (▶ Seite 111).

Fischbraterei U Rybaka Mariana
Am Hafen von Mrzeżyno (Treptower Deep). Gilt als Kultlokal, geleitet vom Fischer Marian und seiner Frau. Zu den Klassikern gehören Brathering und Dorsch-Kroketten (▶ Seite 118).

…einkaufen:

Eko Wyspa (Swinemünde)
Eine Mischung aus Reformhaus und Bio-Supermarkt. Ökologische und regionale Produkte: Obst, Gemüse, Fleisch, Müsli, Honig aus Westpommern, Öle, Weine, unpasteurisierte regionale Biere (▶ Seite 61).

Kolberger Bauernmarkt (Kolberg)
Die Vielfalt der angebotenen Waren ist enorm: große Auslagen mit frischem Obst und Gemüse, Kartoffeln, Kräuter und Gewürze, (getrocknete) Pilze, Eier und Fleisch, westpommerscher Honig, die berühmten Kolberger Gurken – alles aus dem bäuerlichen Umland (▶ Seite 143).

Organic na Mariacka (Kolberg)
Laden in der neuen Altstadt: großes, vielfältiges Angebot an ökologischen Produkten und Feinkost (▶ Seite 143).

FiszMasz Pretwory Rybne Artur Klockowski (Kolberg)
Bioladen nahe Dom: regionale Lebensmittel und Spezialitäten, darunter die von der EU zertifizierten Traditionsprodukte Kolberger Gurken und Hering nach Kolberger Art (Rezept ▶ Seite 17, Adresse ▶ Seite 143).

…übernachten:

Aparthotel Green Concrete (Swinemünde)
Das erste Ökohotel in Swinemünde ist ideal für nachhaltig reisende Urlauber. Das Hotel mit 11 komfortablen Apartments engagiert sich für Recycling und die Reduzierung des Energieverbrauchs. Die Ausstattung der grünen Zimmer besteht aus schadstofffreien Materialien, die Betten haben Pillowtop-Matratzen. Ladestation für E-Autos, Fahrräder. 2,5 km zum Strand, wohin ein hoteleigener Ökobus pendelt (▶ Seite 57).

Was ist los an Westpommerns Küste?

Feste und Veranstaltungen

Die kulturellen Veranstaltungen in den polnischen Seebädern und den küstennahen Ortschaften finden naturgemäß hauptsächlich in den Sommermonaten statt. Herausragend und fast schon prall gefüllt sind die Veranstaltungskalender der beliebten Kurorte Swinemünde und Kolberg. Eine Auswahl:

Swinemünde

Juni

Meerestage (Dni Morza)

Stadt- und Hafenfest mit Neptunparade, gastronomische Meile, maritime Ausstellungen.

Juni–Ende August

Internationales Musikfestival mit Orgelabenden

In der König-Christuskirche (jeden Fr ab 19 Uhr)

August

Sail Świnoujście

Dreitägiges Fest mit spektakulärer Schiffsparade von Großseglern. Zu den Ausfahrten aufs Meer können die Besucher mitfahren. Gleichzeitig: **Internationales Shantyfestival Wiatrak**

Mitte September

Festungstage

Im Mittelpunkt der festlichen Veranstaltungen stehen die drei preußischen Forts an der Swinemündung und die „Unterirdische Stadt.

Misdroy

Juni

Neptunfest

Vor der Seebrücke. Umzug und Markt.

Juli

Festival der Filmstars

Berühmtes Sommerevent mit attraktiven Kulturangeboten. Hier können Cineasten ihre Stars hautnah erleben rund um den Misdroyer „Walk of Fame", auf dem schon über 130 der beliebtesten polnischen Leinwandstars ihre Handabdrücke in Bronze verewigt haben.

Cammin

Juni-September

Internationales Festival der Orgel- und Kammermusik

Seit 1964 findet im pommerschen Cammin (Kamień Pomorski) das über die Grenzen Polens hinaus beliebte Festival an der Barockorgel der Kathedrale statt. Dann treten internationale Organistengrößen auf.

www.festiwalorganowy-kamien.pl

Niechorze (Horst)

Erstes Juliwochenende

Fest des Ostseeherings

Rund um den Leuchtturm: Feier der jahrhundertealten Tradition der Ostseefischerei und des baltischen Herings. Seemanns- und Fischerlieder, ökologisch hergestellte Speisen, regionale Produkte, lokale Volkskunst.

Wollin Stadt

Ende Juli

Western Picknick

Einwöchiges Event in Sułomino direkt am Haff: Folk-, Blues-, Country- & Bluegrass-Festival mit vielen Highlights. Tanzworkshops, Kutschfahrten, Kinderkarussells.

Ende Juli/Anfang August

Wikinger- und Slawenfestival

Dreitägiges Fest im großen Freilichtmuseum an der Dievenow, wo einst das legendäre Vineta gelegen haben soll. Bunter Mittelalter-Jahrmarkt. Das Festival ist eines der größten Veranstaltungen dieser Art in Europa. Dann laufen hier Schiffe mit Drachenköpfen ein und hunderte Männer ziehen sich freiwillig Hörner auf.

Dziwnów (Dievenow)

Juli

Kurs auf Dziwnów (Ster na Dziwnów)

Großes Hafen- und Fischerfest: Fisch direkt aus der Ostsee, maritime Veranstaltungen, Shantykonzerte.

Rewal (Rewahl)

Ende Juli

Rewal Jazzfestival

Am zentralen Walplatz. Vier Tage polnischer Jazz vom Feinsten.

Trzebiatów (Treptow a. d. Rega)

August

Grützefest

Das Stadtfest bezieht sich auf eine mittelalterliche Legende. Dann wird die nahrhafte Buchweizengrütze zum Mittelpunkt des öffentlichen Gelages. Ritterfestspiele, Kajakwettkämpfe auf der Rega, Livebands und ein Feuerwerk.

Mrzeżyno (Treptower Deep)

Juli

Fischerfest im Hafen

Umgeben von Kuttern: gebratene Fischköstlichkeiten, Shantys, Kunsthandwerk, Paddeln auf der Rega.

Kolberg

Anfang Januar

Festival der Eisbader

Dreitägiges Massenspektakel zu Jahresbeginn. Beim „Walrossbaden" krönt sich Kolberg zur Welthauptstadt der Eisbader und Hunderte stürzen sich in die eiskalten Wellen der Ostsee. „Afterwork"-Partys mit Warmem und Kulinarischem.

Ende Mai

Hanseatischer Salzmarkt

Am Jachthafen. Mittelalterliches Kunsthandwerk, unter anderem Bernsteinverarbeitung, Lederwaren, Schmuckstücke, Käseherstellung. Historische Vorführungen, zum Beispiel von Bogenschießen und Kämpfen. Außerdem interessante gastronomische Stände.

Mitte Juni-Mitte August

Kolberger Musiksommer

Unterschiedliche Konzerte im Amphitheater, in der Konzertmuschel und im Dom.

Mitte August

Interfolk-Festival Kołobrzeg

Traditionsreiches internationales Folklore-Treffen, beliebte Open-Air-Konzerte. Farbenfroh mit Gute-Laune-Garantie.

Orte & Landschaften

Die Woiwodschaft Westpommern ist sowohl für ruhesuchende Naturliebhaber als auch für Aktivurlauber eine Entdeckung. Swinemünde, Misdroy und Kolberg sind lebhafte Seebäder. In den kleineren Badeorten und im Hinterland geht es eher beschaulich zu.

▾ *Der feine Ostseestrand von Kolberg zieht sich kilometerweit und macht das Seebad zum beliebten Ziel für Badeurlauber* ▸ *Seite 122*

Swinemünde (Świnoujście)

Grenzstadt auf drei Inseln

Das große Seebad Swinemünde besticht mit dem renommiertesten Badestrand der polnischen Ostseeküste, mit seiner langen Promenade, auf der es sich bestens flanieren lässt, und mit interessanten Sehenswürdigkeiten im Stadtzentrum.

Swinemünde besitzt eine einmalige Lage: Das Städtchen liegt auf drei Inseln – auf **Usedom** (Uznam), auf **Wollin** (Wolin) und auf **Kaseburg** (Karsibór). Die beiden Stadtteile auf Wollin und Usedom sind durch die Swine getrennt. Westlich, auf dem Usedomer Teil, liegt das Zentrum der Stadt, der Hafen für die Ausflugsschiffe sowie zwei historische Preußenforts. Und hier erstrecken sich der schöne Kurpark, das alte und das neue Kurviertel mit der lebhaften Promenade sowie der breiteste und vielleicht auch schönste Sandstrand Polens. Östlich, auf der Wolliner Seite, liegen der Haupt- und der Busbahnhof, ein weiteres preußisches Fort, der höchste Leuchtturm an der Ostsee sowie die Anlagen des Handels-, Flüssiggas-, Fischerei- und Militärhafens.

Das Beste in Swinemünde

- ★ **Mühlenbake:** Fotogenes Wahrzeichen am Strand
- ★ **Preußische Forts:** Besuch der Verteidigungsanlagen
- ★ **Turm der ehemaligen Lutherkirche:** Panoramablick auf Stadt und Meer

Schöne Ecken in Swinemünde

Swinemünde hat vom Beitritt Polens in die Europäische Union und der Grenzöffnung 2007 stark profitiert. Das ist mittlerweile auch bestens am neuen, enorm verschönerten Stadtbild sichtbar. So wurde das **alte Kurviertel** mit seiner historischen Bäderarchitektur aufwendig restauriert und ist nun wieder ein Aushängeschild der Stadt (▶ Seite 50). Zusätzlich ist in den letzten 20 Jahren direkt daneben ein neues Kur-, Spa- und Wellnessviertel mit mediterran anmutender Architektur aus dem pommerschen Sandboden gezaubert worden. Es wächst von Jahr zu Jahr in Richtung Swinemündung. Von der **Promenade** (▶ Seite 50) führen mehrere Zugänge zum hervorragenden **Strand** (▶ Seite 53). Glanzpunkt am Ende der Westmole: die **Mühlenbake**, das markante Wahrzeichen der Stadt (▶ Seite 51). Grüne Inseln zum Entspannen bilden die zahlreichen Grünanlagen und Parks, allen voran der herrliche **Kurpark** aus dem vorletzten Jahrhundert (▶ Seite 51). Er schließt sich unterhalb an das neue Kurviertel an. Südwestlich des Kurparks gelangt man in das **Stadtzentrum** von Swinemünde (▶ Seite 48). Hier liegen rund um den Plac Wolności restaurierte Gründerzeitstraßenzüge, Sehenswürdigkeiten und der Stadthafen an der Swine.

◀ *Auf der Aussichtsplattform im Hotel Radisson Blu scheint man über Swinemünde zu schweben*

Swinemünde

Offizieller Name: Świnoujście (gesprochen *schwi no ujchtsche*) (bis 1945 Swinemünde)
Gründung: Schutzburg Ende des 12. Jahrhunderts, Stadtrechte seit 1765
Verwaltung: Kreisfreie Stadt in der Woiwodschaft Westpommern
Einwohner: ca. 40 900
Vorwahl: (00 48) 91
Fläche: 197,2 km²
Geografische Lage: An der Mündung der Swine in die Ostsee
Grenzübergänge: Bei Ahlbeck (B 111) und bei Garz (B 110)
Wirtschaft: Bade- und Kurtourismus, Fischerei- und Handelshafen, LNG-Flüssiggashafen, riesiger Containerhafen in Planung
Arbeitslosenquote: unter 4 % (Stand 2023, die niedrigste Quote in ganz Westpommern)

Das Seebad Swinemünde ist nicht nur eine ausgesprochen grüne und wasserreiche Stadt, sondern auch sehr weitläufig. Um rasch und bequem zu allen interessanten Plätzen zu gelangen, ist es deshalb empfehlenswert, Swinemünde mit dem Rad auf den gut ausgebauten, rotbraun gefärbten Fahrbahnen zu erkunden. Wer Lust auf ein ausgefalleneres Transportmittel hat, kann sich einen Platz in einer der Pferdedroschken oder dem **Swinemünde-Express,** eine Art touristische Bimmelbahn, sichern. Sie tuckert mehrmals täglich zu den Sehenswürdigkeiten der Stadt (► Seite 62).

Blick zurück in die Geschichte

Seinen Aufstieg verdankt Swinemünde der stategisch günstigen Lage zwischen Ostsee und Oder. Bis ins 18. Jahrhundert kontrollieren die Schweden die Schiffsroute von der Ostsee nach Stettin. Um nach Stettin zu gelangen, müssen die Preußen hohe Zölle für die Durchfahrt ihrer Schiffe berappen.

Ab 1729 lässt der preußische „Soldatenkönig" Friedrich Wilhelm I. daher zur Umgehung dieser Zölle die versandete Swine ausbaggern, um sie schiffbar zu machen. Sein Sohn Friedrich II. (der „Alte Fritz") führt das Projekt weiter. Die neue Schiffsroute von der Ostsee nach Stettin soll gegen die Schweden gesichert werden. Er veranlasst daher 1746 den Bau eines **Hafens** und gründet 1765 die **preußische Stadt Swinemünde.** Die Gründung entwickelt sich bald zum Vorhafen von Stettin und Berlin. Erst nach 1880 können auch große Ostsee-Frachtschiffe direkt bis nach Stettin fahren – durch die ab 1875 neu gebaute Schifffahrtsrinne zwischen Haff und Ostsee, die so genannte **Kaiserfahrt**. Die neue, zwölf Kilometer lange Wasserstraße führte zu einem wirtschaftlichen Aufstieg des Stettiner Hafens und zugleich zum Niedergang des Hafens in Swinemünde.

Aus der schweren Krise ergab sich eine Chance: Der schöne Strand Swinemündes galt bisher als völlig unbrauchbares, wertloses Ödland. Schon 1822 hatte ein Bürgerausschuss die Möglichkeit der Gründung eines **Seebades** geprüft. 1824 wird die erste offizielle Badesaison in Swinemünde eröffnet. Die meisten Badegäste kommen schon damals aus Berlin und aus Stettin. Ihre Anzahl ist aber noch sehr überschaubar,

1825 werden gerade mal 389 Gäste gezählt. Die Sommerfrische können sich fast nur Prinzen und Prinzessinnen, hohe Militärs, Bankiers, Gutsbesitzer und Künstler von Ruf leisten. 1876 rollen die ersten Züge aus der Reichshauptstadt über die Brücke bei Karnin auf Usedom an und ermöglichen eine komfortable Anreise. Im Jahre 1895 entdeckt man Solequellen und Heilschlamm.

Die Stadt entwickelt sich schnell zum piekfeinen **Kurort** von internationalem Rang, wo Krankheiten der Atemwege, Allergien und Herzleiden kuriert werden. Die Zahl der Badegäste steigt rasant an, als zur Jahrhundertwende ganz strandnah rund 300 noble Gebäude – vorwiegend Hotels, Sanatorien und Pensionen im feinen Stilmix der **Bäderarchitektur** – gebaut werden. Das Seebad steigerte seine Badegästezahlen zwischen 1870 und 1910 von 1 081 auf 39 445 Urlauber! In den rund 125 Jahren zwischen der Gründung des Seebads und dem Zweiten Weltkrieg weilen regelmäßig sowohl der Hochadel als auch fast alle europäischen Könige und Kaiser sowie die russischen Zaren im Kurort an der Swinemündung. „Kaisertage" heißen die zwischen 1892 und 1913 jährlich stattfindenden Flottenmanöver. Special guest ist stets Kaiser Wilhelm II., der mit seiner Luxusjacht *Hohenzollern* aus Berlin anreist.

Adolf Hitler wird 1939 am Swinemünder Hafenbahnhof frenetisch zugejubelt. Wenige Jahre später, am 12. März 1945, geht das deutsche Seebad mit den Nazis unter. Der berühmte Kurort, gleichzeitig Festung, Garnisonstadt und Flottenstützpunkt, erlebt ein Inferno. Hunderte amerikanische Bomber der 8. US-Luftflotte zerstören kurz vor Kriegsende 55 Prozent der Gebäude und richten in der mit 100 000 Flüchtlingen aus Ostpreußen, Danzig und Hinterpommern überfüllten Stadt ein Blutbad an. Bis zu 10 000 wehr- und schutzlose Zivilisten kommen ums Leben.

Im traditionsreichen Seebad Swinemünde prägen auch Strandkörbe das Bild

Die Grenzanlagen zwischen Swinemünde und Ahlbeck wurden 2007 demontiert

Die Toten werden auf dem Höhenzug **Golm** (heute auf der deutschen Seite) bei Kamminke in Massengräbern beigesetzt. Hier befindet sich heute eine gepflegte **Kriegsgräbergedenkstätte.**

Am 5. Mai 1945 marschiert die Rote Armee in der Stadt ein. Damals leben nur noch rund 500 von zuvor über 30000 Deutschen in der Stadt. Die deutsche Bevölkerung musste Swinemünde ab Herbst 1945 verlassen. Aus dem deutschen Swinemünde wird die polnische Stadt **Świnoujście.** Die neuen Einwohner kommen vorwiegend aus Ostpolen und der Ukraine. Es dauert jedoch noch bis 1958, bis der polnische Staat die Entscheidung trifft, die Hafenstadt wieder aufzubauen. Erst in den 1960er-Jahren wird Świnoujście polnischer Marinestützpunkt und Hochseehafen.

Das Kurviertel, der Strand und die Hafenanlagen liegen in den Nachkriegsjahren im alleinigen Kontrollbereich des sowjetischen Militärs. In den feudalen Villen des Kurviertels wohnen nun russische Offiziere mit ihren Familien. Der Zugang zum Strand ist mit einem hohen Bretterzaun abgesperrt und nur mit einem sowjetischen Passierschein möglich. Erst 1960 werden die Kontrollen gelockert, der **polnische Kurbetrieb** beginnt in diesem Jahr mit 374 Gästen. In den folgenden Jahrzehnten entwickelt sich die „Kur-Arbeiterstadt" Świnoujście zu einem der beliebtesten polnischen Seebädern. Im Dezember 1992 ziehen die letzten Einheiten der Roten Armee ab.

2007 werden die Grenzanlagen zu Deutschland abgebaut. Ende 2015 wird der Bau des Terminals für Flüssiggas (LNG) in Betrieb genommen. Die Eröffnung des spektakulären **Swinetunnels** fand im Juni 2023 statt. Der 1,76 km lange Straßentunnel unter der Swine verbindet die beiden Inseln Usedom und Wollin und ersetzt die größere der beiden Swinefähren.

Theodor Fontane in Swinemünde

Der Schriftsteller Theodor Fontane (1819–1898) zieht 1827 als Siebenjähriger mit seiner Familie nach Swinemünde, wo sein Vater die Adlerapotheke am Kleinen Markt (heute Plac Wolności) erworben hatte. Die Familie bleibt fünf Jahre.

Rückblickend auf seine Kinderjahre an der Swine und am Meer notierte Fontane 1890 in einem Brief an Georg Friedländer: „Es gibt doch wirklich eine Art genius loci und während an manchen Orten die Langeweile ihre graue Fahne schwingt, haben andere unausgesetzt ihren Tanz und ihre Musik. Diese Beobachtung habe ich schon als Junge gemacht; wie spießbürgerlich war mein heimatliches Ruppin, wie poetisch das aus bankrotten Kaufleuten bestehende Swinemünde, wo ich von meinem 7. bis zu meinem 12. Jahre lebte und nichts lernte. Fast möchte ich hinzusetzen: Gott sei Dank. Denn das Leben auf Strom und See, der Sturm und die Überschwemmungen … das war besser als die unregelmäßigen Verba, das einzig Unregelmäßige, was es in Ruppin gab. Ja, Swinemünde war herrlich!"

In mehreren von Fontanes Werken sind Erinnerungen an diese Zeit eingegangen, vor allem in seinen Roman *Effi Briest*. Swinemünde an der Swine wird da zum fiktiven Ort Kessin an der Kessine.

Swinemünde
(Świnoujście
Grenze
Ahlbeck
Heringsdorf
Bansin
S. Żeromskiego
S. Małachowskiego
Kurviertel
J. Słowackiego
H. Sienkiewicza
J. Kasprowicza
Konzert-
muschel
Neue
Kurvi
Camping
B. Trentowskiego
Grenze
Grenzmarkt
Ahlbeck
A. Grottgera
A. Fredry
Wojska Polskiego
S. Moniuszki
S. Wyspiańskiego
Fußball-
stadion
Amphi-
theater
J. Piłsudskiego
Świnoujście
Centrum
Zamkowa
Strzelecka
11 Listopada
Konstytucji 3 Maja
J. Matejki
G. Narutowicza
F. Chopina
J. Paderewskiego
B. Krzywoustego
B. Chrobrego
Osiedle
Matejki
S. Wyszyńskiego
Hołdu Pruskiego
Cassino
Maria-
Meeresstern-
Kirche
Einkaufszentrum
Corso
Haupt-
post
Piaskowska
Mieszka I
Centrum
W. Witosa
pl. Wolności
Bohaterów
Wrzesnia
Chełmska
Rycerska
Rybaki
König-
Christus-
kirche
pl. Słowiański
Armii Krajowej
pl. Rybaka
Wybrzeże Władysława I
T. Kościuszki
S. Staszica
Gdańska
Gdyńska
Wochenmarkt
Poznańska
Dampfer-
anlegestelle
Grunwaldzka
Szkolna
Winterhafen
Kohlenhafen
J. Markiewicza
Garz
Kamminke
Misdroy
Stettin
Tunnel

OSTSEE
N
200 m
Westmole
Zentralmole
Gazoport (LNG)
Strand Misdroy
Uzdrowiskowa
Zdrojowa
Jachtowa
Jachthafen
Swine (Świna)
Brunkrowa
N. Barlickiego
Ludzi Morza
Łakowa
Okólna
Duńska
Busbahnhof (PKS)
Bhf. Świnoujście
Kaseburg
Misdroy
Stettin
Tunnel
Sehenswürdigkeiten
1 Museum Hochseefischerei
2 Lutherturm
3 Mühlenbake
4 Fort Zachodny
5 Fort Aniola
6 Fort Gerharder
7 Leuchtturm
Übernachten
1 Aparthotel Green Concrete
2 Cesarskie Ogrody (Hotel Kaisergarten)
3 Grand Solis
4 Kamienica pod Kasztanami
Essen & Trinken
1 Kurna Chata (Hühnerstall)
2 Na Dziedzińcu (Im Hof)
3 A Morze Las
4 Restaurant Prochownia (Pulvermagazin)
5 El Papa – Café Hemingway
6 Café Wieża
7 Aussichtscafé Horizon

Sehenswertes

Für Urlauber ist vor allem der **westliche, Usedomer Teil** des Seebads spannend. Hier befindet sich das **Stadtzentrum** mit seinen hübsch renovierten Häusern und dem Hafen. Der riesige **Kurpark** sowie weitere Park- und Grünanlagen ziehen sich wie ein grünes Band zwischen dem Zentrum und dem **alten** und **neuen Kurviertel** entlang.

Stadtzentrum

Das Zentrum schmiegt sich ans Westufer der Swine und hält für den Besucher mehrere Sehenswürdigkeiten bereit, die dicht beieinander liegen. Zentraler Platz ist der heutige **Plac Wolności** (Platz der Freiheit). Er wird von einigen schönen klassizistischen Wohnhäusern sowie vom renovierten Postamt aus dem Jahre 1878 flankiert. Wenige Meter südwestlich vom Postamt ragt die **König-Christuskirche** in den Himmel. Gegenüber stand das Fontanehaus mit der Adlerapotheke, das 1955 abgerissen wurde. Am heutigen neuen Gebäude (ul. Marynarzy 7) ist eine Gedenktafel für Theodor Fontane angebracht. Der preußische Dichter und berühmte „Wanderer durch die Mark Brandenburg" hatte mit seiner Familie fünf Jahre seiner Kindheit in der Hafenstadt an der Swine verbracht. Unterhalb der König-Christuskirche hat man den Hafen mit der Anlegestelle der Ausflugsschiffe erreicht.

Vom Plac Wolności gehen östlich mehrere Straßen ab, die das **Geschäftsviertel** Swinemündes bilden: Zahlreiche Läden – vor allem Kleider-, Schmuck- und Lebensmittelgeschäfte, Buchläden, aber auch vereinzelt Trödelläden und Geschäfte mit maritimen Artikeln – befinden sich in den Fußgängerzonen der Straßen Monte Cassino und Bohaterów Września. Gleich 45 Shops unter einem Dach bietet das Shoppingcenter *Corso*, zu dem man über

Im Sommer wird der Plac Wolności zu einem Wasserspielplatz für Kinder

Schmucke Jugendstilfassaden säumen die ul. Hołdu Pruskiego

die Józefa Bema oberhalb des Plac Wolności gelangt.

Nach langer und sehr aufwändiger Sanierung ist die gesamte Häuserzeile der **ul. Hołdu Pruskiego** zu einem einzigartigen Schmuckstück des **Jugendstils** geworden. Sie liegt weiter nördlich nahe des Lutherturms. Die Fassaden der Ende des 19. und Anfang des 20. Jahrhunderts erbauten Wohnhäuser beeindrucken mit Figuren, Zierbeschlägen, Stuck und anderen dekorativen Details.

Im Kontrast zu den noblen Fassaden im historischen Stadtkern dominieren weiter südlich typische Plattenbauten aus sozialistischer Zeit. Immerhin hat man deren Fassaden in den letzten Jahren farblich aufgehübscht. Westlich vom Zentrum, am **UBB-Bahnhof,** entstand eine neue Siedlung mit vielen modernen Apartmentwohnungen, das *Osiedle Matejki.* Die breite ul. Konstytucji 3 Maja verbindet das Viertel mit dem alten Stadtkern.

Museum für Hochseefischerei (Muzeum Rybołówstwa Morskiego) 1

Das **Historische Rathaus** von 1806 ist das älteste Gebäude der Stadt. Es beherbergt seit 1974 auf drei Etagen Dauerausstellungen: Die Räume im Hochparterre informieren über die Meeresfauna und -flora. Zu sehen sind ausgestopfte Meerestiere, Riesenmuscheln und exotische Fische. Star im Aquarium ist die 70 Zentimeter lange Riesenpiranhadame namens *Kasia.* Im 1. Stock sind Navigationsinstrumente und Fanggeräte zu besichtigen. Informativ und umfangreich ist im Dachgeschoss die **Ausstellung zur Stadtgeschichte** mit historischen Fotos, Ansichtskarten und Dokumenten. Vor dem Museum, am Plac Rybaka, liegt ein großer Findling als Denkmal für diejenigen, „die vom Meer nicht zurück gekehrt sind".

www.muzeum-swinoujscie.pl | Juli/Aug. tgl, Sep.–Juni Di–So

Turm der ehemaligen Lutherkirche ❷ ★

Von der einstigen, 1906 geweihten neugotischen Lutherkirche ist nur ihr roter Backsteinturm erhalten, allerdings ohne seine Spitze. Der Torso steht trotzdem eindrucksvoll. Genau 222 Stufen führen bis ganz nach oben: Von der über 50 Meter hohen **Aussichtsterrasse** schweift der Blick über die Stadt, die Pommersche Bucht, zu den Kaiserbädern und bis zum Haff. Im Treppenhaus gibt es eine zeitgenössische **Galerie,** eine interessante Ausstellung mit historischen Fotos sowie das **Café Wieża** (▶ Seite 59).

Ecke ul. Piłsudskiego/ul. Paderewskiego, Aussichtsterrasse tgl. ab 10 Uhr

König-Christuskirche

Das ursprünglich evangelische Gotteshaus am Rande des **Plac Wolności** war 1792 fertig gestellt, damals noch namen-, schmuck- und turmlos. Im Jahre 1814 vermachte ein Hamburger Kapitän seiner Traukirche ein hölzernes Schiffsmodell, das heute im Mittelgang als **Votivschiff** hängt. Die **Orgelanlage** stammt aus dem Jahre 1927. Von Anfang Juni bis Ende August gibt es in der Kirche jeden Freitag um 19 Uhr Orgelkonzerte.

Maria-Meeresstern-Kirche

Die neugotische, einschiffige Hallenkirche wurde 1896 geweiht und diente damals den polnischen Kurbetrieb-Saisonarbeitern. Das **Mosaik** über dem Hauptportal zeigt Maria mit Christuskind in einem Boot. Die Glasmalereien stammen von 1980.

Tgl. von 8–18 Uhr geöffnet

Kurviertel

Noch heute lässt sich in dem streng rechtwinklig angelegten **alten Kurviertel** mit seinen renovierten Sanatorien und eleganten Stadtvillen die Pracht dieser repräsentativen Architektur bestens erkennen. Auf Schritt und Tritt erblickt man breite Freitreppen, vornehme Ecktürmchen, verschnörkelte Erkeroder mit Säulen geschmückte Loggien. Zwischen den Prachtbauten fallen zuweilen Lücken auf, die der Zweite Weltkrieg gerissen hat. Ein vollkommen einheitliches Gesamtensemble wie in den deutschen Kaiserbädern ist in Swinemünde nicht mehr vorhanden.

Direkt neben dem alten entstand das **neue Kurviertel.** Die schönen Gebäude mit spitzen Türmchen und Erkern erinnern in ihrem Stil an mediterrane Architektur. Am sommers sehr quirligen Spazier-Boulevard mit Wasserspielen und breitem Grünstreifen liegen Seit' an Seit' Restaurants und Bistros mit Terrassen.

Promenaden

Swinemünde ist die Stadt der Promenaden: Die 12,5 Kilometer lange **Europa-Promenade** führt kerzengerade, stets in Strandnähe und grenzüberschreitend von Swinemünde bis zum Langenberg in Bansin. Die längste Promenade Europas ist Bestandteil des Ostseeküsten-Radwegs EuroVelo 10. Die breite **historische Promenade** des Seebads verläuft gut zwei Kilometer vom kleinen Gradierwerk bis zur Konzertmuschel. Sie wird flankiert von stattlichen Hotels und Kurhäusern aus der Zeit der Bäderarchitektur und geht in die **Neue Promenade** über. Hier stehen Luxushotels, mediterran anmutende Apartmenthäuser, Seit' an Seit' Dutzende Restaurants. Parallel zur historischen Promenade, von der zahlreiche Strandzugänge abgehen, zwei weitere Promenaden: Die ein Kilo-

Palmengarten an der Gesundheitspromenade in Swinemünde

meter lange **Gesundheitspromenade** entstand 2019 für Fußgänger, Radler und Kiter mit Outdoor-Fitness-Geräten, Fahrradstationen mit Werkzeug und einem Sinnesgarten mit exotischen Pflanzen und Palmen. Von der **Dünenpromenade**, kinderwagengerecht auf die hohen Stranddünen gebaut, genießt man einen grandiosen Überblick auf den Strand und die Pommersche Bucht mit den deutschen Kaiserbädern und dem polnischen Seebad Misdroy. Bereits in Planung ist eine **Waldpromenade**.

Mühlenbake 3 ★

Am östlichen Ende des Stadtstrandes, an der Swinemündung, liegt die 1020 Meter lange **Westmole** mit dem fotogenen Wahrzeichen der Stadt, der **Mühlenbake** (*Stawa Młyny*), die den Seeleuten seit 1877 den Weg in den Hafen weist. Das in Swinemünde gemeinhin als „Windmühle" bezeichnete Navigationszeichen drehte bis zum beginnenden 20. Jahrhundert seine Flügel. Ein traumhaftes Plätzchen und einer der schönsten Orte an der gesamten polnischen Ostseeküste! Besonders spektakulär: Wenn die riesigen Fährschiffe hier ein- oder auslaufen und die Windmühle wie ein putziges Spielzeug erscheinen lassen. Man erreicht die Mühlenbake entweder von Westen kommend über den Strand oder von Süden, indem man oberhalb des Fort Zachodni (Westfort) (▶ Seite 54) an der Weggabelung der rechten Abzweigung folgt. Der Weg endet bald am Strand und man steuert direkt auf die Westmole zu.

Kurpark

Im Jahre 1826 beauftragte die Stadt den preußischen Hofgärtner und Sanssouci-Gestalter Peter Joseph Lenné, einen Park für das damalige Kurhaus anzulegen. Finanzierungsprobleme verhinderten aber das Lenné-Projekt. Erst seit Ende des 19. Jahrhunderts verbindet ein großzügiger

Englischer Garten als grüne Pufferzone das strandnahe Badeviertel mit dem geschäftigen Zentrum. In den letzten Jahren wurde der 60 ha große Kurpark, *Park Zdrojowy*, erneuert. Entstanden ist ein grünes Paradies mit **17 Kilometer schattigen Radel- und Spazierwegen,** bis zu 150 Jahre alten Bäumen, Blumenrabatten, Springbrunnen, Spielplätzen und Skulpturen.

Am Rand des Kurparks liegen mit dem **Fort Zachodni** (Westfort) 4 und dem **Fort Anioła** (Engelsburg) 5 zwei berühmte Preußenforts fast nebeneinander (▶ Seite 54).

Hafen & Marina

Der Swinemünder Hafen ist der viertgrößte in Polen. Im Handelshafen auf der Wolliner Seite werden schlesische Steinkohle und Eisenerz verschifft. Täglich laufen riesige Hochseefähren ein und aus, die zwischen Swinemünde, Schweden und Dänemark verkehren. Außerdem liegt im Hafen eine Marineeinheit der polnischen Küstenschutzflottille vor Anker.

Am Stadthafen auf der Usedomer Seite befindet sich die **Anlegestelle der Ausflugsdampfer,** die im Sommer regelmäßig zu den deutschen Kaiserbädern oder zu Hafenrundfahrten starten (▶ Seite 62). Etwa 1,5 Kilometer oberhalb des Stadthafens liegt eine hochmoderne **Marina** samt Hausbootvermietung und einer Tawerna mit Terrasse. Sie entstand vor wenigen Jahren im ehemaligen Nordhafen der sowjetischen Flotte.

Wolliner Seite

Die östliche Seite der Swine ist in wenigen Minuten mit der Stadtfähre erreichbar. Hier, also bereits auf der Nachbarinsel Wollin, liegt der Swinemünder Vorort **Warszów,** das frühere Ostswine, mit **Hafen- und Industrieanlagen** sowie den Bahnhöfen für Züge und Busse nach Stettin, Misdroy und anderen polnischen Städten.

Die fast 1 400 Meter lange Ostmole wurde ab 1818 als Wellenbrecher zum

Die Mühlenbake wirkt neben dem alten Segelschiff noch fotogener

Schutz vor Stürmen und Versandung errichtet. Sie wird als **Zentralmole** bezeichnet, da nun östlich von ihr die mit 2970 Metern noch längere **Gazoport-Mole** als neue **Ostmole** in die Bucht ragt. Durch das Riesenprojekt können große Mengen verflüssigtes Erdgas importiert werden. Polen will sich dadurch von Gaslieferungen aus Russland unabhängig machen.

Weitere Sehenswürdigkeit auf der Wolliner Seite ist das preußische **Fort Gerharda** (Ostfort) (▶ Seite 54). 6

Leuchtturm 7

Am östlichen Swineufer überragt der 68 Meter hohe Leuchtturm, *Latarnia Morska*, seit 1857 die ganze Umgebung. Er ist der höchste an der Ostseeküste und einer der höchsten weltweit. Der Aufstieg über die 308 Stufen der steilen Wendeltreppe entgegen dem Uhrzeigersinn ist anstrengend. Dafür genießt man oben auf der **Aussichtsplattform** einen tollen Panorama-Rundblick. Erst nach der grundlegenden Renovierung im Jahre 1903 wurde aus dem ursprünglich achteckigen Turm ein runder. Unten, im angebauten Leuchtturmwärterhaus, ist ein **Museum** mit einer Ausstellung über Leuchtfeuer und die Seenotrettung, ein **Standesamt** sowie ein **saisonales Bistro** eingerichtet. Schön, dass der Turm überhaupt noch steht, denn während der beiden Weltkriege hatte man an seinen Mauern Sprengladungen angebracht, die bei einer Invasion den ganzen Turm in die Swine schleudern sollten, um dadurch den Schifffahrtsweg nach Stettin zu sperren. Doch der deutsche Leuchtturmwärter Sharky entschärfte eigenhändig die Sprengvorrichtungen und rettete so das Bauwerk. Sharky kam in Berlin später in Haft, einmal im Jahr erscheint sein Geist an der Spitze des Leuchtturms. Der Leuchtturm und Fort Gerharda sind wegen der Sicherheitszone des LNG-Terminals zurzeit nur per Schiff erreichbar, die Öffnungszeiten richten sich nach den aktuellen Fahrplänen, www.adler-schiffe.de (▶ Seite 62)."

Strand

Das große Kapital der Stadt ist neben ihrer wunderbaren Lage der mehr als drei Kilometer lange **Strand** auf der Usedomer Seite mit seinem äußerst feinen Sand. Schon seit Jahren wird ihm die „**Blaue Flagge**" verliehen, als Auszeichnung für gute Wasserqualität, Sicherheitsaspekte und Umweltmanagement. Der Strand von Swinemünde ist bis zu 150 Meter breit. Und er wächst immer weiter: Jährlich um rund einen Meter! Denn die Strömung holt sich den Sand an anderen Usedomer Badeorten wie Koserow und Ückeritz und spült ihn am leicht sichelförmigen Küstenstreifen bei Swinemünde wieder an.

Die Strandzugänge sind mit Platten für Rollstuhlfahrer und Kinderwagen ausgelegt. Es gibt im Sommer Wasserrutschen, Banana-Boats und – im Gegensatz zu den meisten polnischen Seebädern – auch Strandkörbe. In Mündungsnähe befinden sich ein großes Kitesurfzentrum und der Hundestrand. In der Saison sind zudem mehrere **Strandbars** in Betrieb. Sie werden im September wieder abgebaut.

Saisonunabhängig ist hingegen das rege Hin und Her von Strandgängern und -läufern, die ins knapp drei Kilometer entfernte Ahlbeck unterwegs sind oder von dort kommen. Seit 2007 die Schengengrenze fiel, lässt sich unbegrenzt von einem Land ins andere schlendern, joggen, walken oder radeln.

⭐ Die preußischen Fortanlagen
Festungsgeschichte hautnah erleben

Zwischen 1848 und 1863 entstehen in Swinemünde vier massive Festungsanlagen zur Sicherung des Wasserweges. Heute gehören die Forts zu den touristischen Hauptattraktionen der Stadt.

Auf der westlichen Seite der Swine, liegen das **Westfort (Fort Zachodni) und die Engelsburg (Fort Anioła),** die zwischen 1854 und 1858 entstand. Sie ist – en miniature, versteht sich – der berühmten Engelsburg in Rom, also dem Kaiser-Hadrian-Mausoleum, nachempfunden. Inzwischen ist sie zu einer „Kulturburg" mit Ausstellungen und einem Café geworden. Interessant sind auch der Wikingersaal mit militärischen Exponaten und der Kaminsaal. Das Westfort wurde 1858–1861 auf dem Uferwall mit Artillerieständen errichtet und war zusammen mit der Engelsburg von einem Graben umgeben. Es diente als Bewachung der Hafeneinfahrt. Das gesamte hügelige Gelände am nahen Swineufer ist als Museum der Festungsgeschichte konzipiert. Auch hier gibt es ein Café mit Imbiss.

Beide Forts sind tgl. 10–20 Uhr geöffnet, das Westfort im Winter bis zur Dämmerung, die Engelsburg ist vom 1.12.–15.1. geschlossen

Die Swinemünder Engelsburg ist der in Rom nachempfunden

Auf der Wolliner Seite stehen mehrere kleinere Befestigungsanlagen. Die größte und bekannteste ist das **Ostfort (Fort Gerharda),** 1856–1863 erbaut. Kanonen schützten die Mündung und den Wasserweg nach Stettin. Erhalten ist u. a. die große Kaserne mit dekorativer Klinkersteinfassade. Die Führungen durch „uniformierte Preußen" mit Pickelhauben sind zu einer kleinen Touristenattraktion geworden. Das Fort ist nach dem holländischen Architekten und Festungsbauer Gerhard Cornelius van Wallrawe (1692–1773) benannt. Es ist zurzeit nur mit dem Schiff erreichbar (▶Seite 62).

Tgl. von 9 Uhr bis zur Dämmerung, www.adler-schiffe.de

Zum Ostfort gehört seit 2014 die **Unterirdische Stadt** (*Podziemne Miasto*), die längste unterirdische Besucherroute im Norden Polens. Diese auch *Bastion Vineta* genannte Militäranlage wurde unter den Nazis im Ost-Swinemünder Küstenwald gebaut und ist jetzt der Öffentlichkeit zugänglich. Ab den 1950er-Jahren wurde der Militärkomplex der Armee der Volksrepublik Polen unterstellt und war eines der bestgehüteten Geheimnisse des Warschauer Vertrags. Ihren militärischen Status verlor die Anlage erst Ende 2013.

www.podziemne-miasto.pl |
Führungen Juli/Aug. mehrmals tgl., auch auf Deutsch. Bus Linie 10 bis Przytór-Bhf.

Vom weitläufigen Westfort blickt man zur Swine und zum Leuchtturm

Praktische Tipps

Hinkommen

Bahn: Bahnhof Świnoujście Centrum: Züge der Usedomer Bäderbahn (UBB) fahren täglich zu den Seebädern Usedoms und bis nach Züssow. In der Sommersaison Anschluss bis Berlin. Hauptbahnhof (auf Wolliner Seite): Züge nach Międzyzdroje (Misdroy), Wollin, Stettin. Die Personenzüge (keine Schnellzüge) nach Stettin fahren ca. alle zwei Stunden, Fahrzeit beträgt ca. 2 Stunden.
Bus: Vom Busbahnhof direkt neben dem Hauptbahnhof auf der Wolliner Seite bestehen regelmäßige Verbindungen nach Misdroy (Linie 10) und zur Nachbarinsel Kaseburg (Linie 5). Dort starten auch die grünen Emilbusse mehrmals tgl. nach Kamień Pomorski (Cammin) und Wollin (Stadt) sowie zwischen 5.30 und 20.25 Uhr stündlich nach Stettin und Misdroy.
www.emilbus.com.pl
Tipp: Die Buslinie B fährt durch das gesamte Swinemünder Zentrum und verkehrt etwa stündlich via **Swinetunnel** zum Hauptbahnhof auf der Wolliner Seite.
Fähre und Tunnel: Seit der Eröffnung des Swinetunnels 2023, der die Inseln Usedom und Wollin verbindet, gibt es in Swinemünde nur noch eine Swinefähre, die Stadtfähre Bielik. Die Stadtfähre pendelt im 20-Minuten-Takt nahezu rund um die Uhr zwischen den Inseln, transportiert allerdings nur Autos Einheimischer mit dem Kennzeichen „ZSW“ und ist kostenlos. Fahrräder können mitgenommen werden, die Fahrtdauer beträgt etwa zehn Minuten.
Die Schiffe der Reedereien *Unity Line, Polferries* und *TT-Line* verkehren täglich nach Ystad bzw. Trelleborg (Schweden).

Der Strand von Swinemünde lädt mit seinem klaren Wasser zum Baden ein

Gut zu wissen

Informacja Turystyczna
Infomaterial zu Stadt und Events.
Plac Słowiański 6/1 | Swinemünde | Tel. (91) 3 22 49 99 | www.swinoujscie.pl | Mo–Fr 9–17, Sa 10–14 Uhr, in der Sommersaison auch So 10–14 Uhr

Swinemünder Marina & Jachthafen
Hochmoderne Marina für bis zu 400 Segelboote und Jachten.
Tel. (91) 3 21 91 77 | www.osir.uznam.net.pl/marina

Wechselstuben (Kantor)
Die weitaus günstigsten Wechselstuben für den Umtausch von Euro in Złoty befinden sich am **Plac Wolności** und in der **ul. Konstytucji 3 Maja.**

Gut gebettet

Stadtzentrum

via Tipp **Aparthotel Green Concrete** 1
Nachhaltiges Boutiquehotel mit hochwertiger Ausstattung, ruhige Lage. Barrierearm und Fahrstuhl. Kochnische, Fußbodenheizung und Klimaanlage. Kawiarnia, Frühstück verfügbar. Tiefgarage. Haustiere erlaubt. Fahrradstation, Ökobus zum 2,5 km entfernten Strand.
Ul. Toruńska 3 | Tel. (00 48) 5 08 86 52 12 www.aparthotelgreen.pl | €€-€€€

Hotel Cesarskie Ogrody (Kaisergarten) 2
Das ehemalige Krankenhaus im Stadtzentrum wurde 1909 im Jugendstil errichtet. Zum 3-Sterne-Kurhotel wurde es erst 2011 umfunktioniert, inmitten einer herrlichen Parkanlage. Der gesamte Komplex am Rande des Kurviertels steht unter Denkmalschutz, das komplett modernisierte historische Juwel besitzt 92 komfortable und barrierefreie Zimmer. Den Gästen stehen ein Hallenbad, ein Fitnessraum, eine Sauna, ein Whirlpool, eine Salzgrotte, ein Grillplatz mit Gartenanlage und ein Kosmetiksalon zur Verfügung. Gleich hinter dem stattlichen Gebäude liegt das Schwesterhotel *Residenz Kaisergarten*. Hier befindet sich das im skandinavischen Stil eingerichtete *Weranda*, eins der besten Restaurants der Stadt. Zur Promenade und zum Strand sind es rund 600 Meter.
Stanisława Wyspiańskiego 34A | Tel. (91) 3 21 02 21 | www.cesarskieogrody.pl | €€€

Grand Solis & Villa Solis 3
Das familiengeführte Mittelklassehotel mit 24 komfortablen Zimmern in zwei Häusern liegt günstig zwischen Zentrum und Promenade, zum Strand etwa 400 m. Die Unterkunft ist vor allem bei deutschen Urlaubern beliebt. Freundliche Atmosphäre, hilfreich das perfekt Deutsch sprechende Personal an der Rezeption. Frühstücksbuffet, glutenfrei und für Vegetarier geeignet. Barrierefreie Zimmer, Lift, Parkplatz am Haus, Abstellmöglichkeiten für Räder.
Jana Matejki 24 | Tel. (0048) 604 120 840 http://villa-solis.pl | €€

Kamienica pod Kasztanami (Haus zu den Kastanien) 4
Die familiär geführte Jugendstilvilla im Zentrum hat zwölf helle Zimmer. Reichhaltiges Frühstück. Sommerterrasse zur Hofseite. Dem Haus gegenüber liegt der hügelige Chopin-Park. Rund 10–15 Gehminuten zum Strand, etwa 10 zum Stadthafen. Privatparkplatz. Hohes Nachhaltigslevel.
ul. Paderewskiego 14/1 | Tel. (0048) 502 122 873 | www.pod-kasztanami.pl | €€-€€€

Von Suppe bis Torte

Das gastronomische Angebot an der Neuen Promenade boomt. Bigos, Piroggen & Co erreichen mittlerweile oft nahezu Feinschmecker-Niveau. Auch in den unscheinbareren Lokalen im Zentrum und am Stadthafen:

via Tipp Kurna Chata (Hühnerstall) 1
Die Geschichte des polnischen Wirtshauses *Kurna Chata* geht bis in die 60er-Jahre des 19. Jahrhunderts zurück. Damals war es noch ein Holzgasthaus mit Lehmfußboden, ein Lagerfeuer loderte in der Mitte des Raumes. Drumherum gackerte wahrscheinlich das Federvieh. Im Jahre 1988 brannte das Gebäude neben dem Lutherturm gänzlich ab. Das heutige Besitzerehepaar übernahm den ehemaligen Namen und schuf mit dem verblüffenden Ambiente im rustikalen Bauernlook auch eine originelle Reminiszenz zum alten, berühmten „Hühnerstall". Die zünftige altpolnische Küche dominiert das gastronomische Angebot: Fischsuppe, Eisbein, Piroggen, das polnische Nationalgericht Bigos, Kartoffelpuffer und Pfannkuchen, mannigfache Fisch- und Fleischgerichte, vielfach mit regionalem Bezug zu den landwirtschaftlichen Produkten der Wojwodschaft Westpommern. Alles wird von freundlichen Bedienungen in (Fantasie-)Volkstrachten serviert. Reservierung unbedingt notwendig.
ul. Piłsudskiego 20 | Tel. (91) 5 01 17 71 25 |
www.kurnachata.uznam.net.pl |
Tgl. ab 11 Uhr | €€

Na Dziedzińcu (Im Hof) 2
Das kleine, feine Restaurant liegt etwas verborgen nahe der Anlegestelle der Ausflugsdampfer zu den Usedomer Kaiserbädern. Es herrscht eine sehr freundliche Atmosphäre um die nette, sich abwechselnd auf Polnisch und Deutsch verständigende Chefin Pani Angela. Die Speisekarte ist überschaubar, die erstklassige Qualität ist entscheidend. Und die gilt für alle Gerichte, die oft regional und saisonal geprägt sind. Zu den beliebten Klassikern des klimatisierten Lokals gehören Dorsch, Zander, hin und wieder Steinbutt, die exzellente Fischsuppe, Ente, Eisbein und Schaschlik. Lecker ist das nicht pasteurisierte polnische Bier *Kasztelan*. Vorneweg gibt's als Appetitanreger deftiges Schmalz mit Brot. Reservierung abends ratsam.
ul. Wybrzeże Wladysława IV 33d |
Tel. 5 05 46 49 76 |
Mi-Mo 12–21 Uhr, Di Ruhetag | €€

A Morze Las (Meer und Wald) 3
Unscheinbares Restaurant am Stadthafen mit wenigen Tischen und kleiner Trottoirterrasse. Umso mehr überrascht die kreative Frischeküche mit Fisch-, Fleisch- und Wildgerichten: Etwa Dorschfilet auf Kartoffelpuffern mit Pilzrahmsoße oder Wildschweinschnitzel in Nusskruste. Süßes Finale: Schoko-Soufflé mit Eis und Waldfruchtsoße oder Crème brûllée. Ein Fest für die Sinne und (noch) ein kulinarischer Geheimtipp!
Ul. Wybrzeże Władysława IV 23 |
Tel. (0048) 5 12 56 79 28 | Tgl. ab 13 Uhr

Restaurant Prochownia (Pulvermagazin) 4
Das Restaurant befindet sich im wunderbar restaurierten roten Backsteingewölbe eines preußischen Munitionslagers von 1853 und direkt am Westfort. Nur wenige Schritte entfernt hat die hier sehr breite Swine fast ihre Mündung in die Ostsee erreicht, fernab liegen die touristischen Massenpfade. Serviert werden

polnische Spezialitäten wie Bigos und Piroggen sowie hervorragende Wild- und Fischgerichte wie Barsch mit Kroketten oder Zander. Es gibt außerdem saisonale Tagesangebote. Eine Augenweide ist die sehr geschmackvoll mit Pflanzen dekorierte große Sommerterrasse.

ul. Jachtowa 4 | Tel. 7 39 04 07 07 | Tgl. ab 10 Uhr | €€

El Papa – Café Hemingway 5

Das Literaturcafé in der Fußgängerzone des Zentrums offeriert tolle hausgemachte Torten, Schokoladen-, Apfel- und Käsekuchen, alles zubereitet ohne Gluten, Backpulver und Mehl. Gemütlich und bequem ist die plüschige Einrichtung mit Sofas und Sesseln. In den Regalen steht mannigfache Literatur, natürlich auch Hemingway-Bücher in mehreren Sprachen.

Bohaterów Wrzesnia 69 | Tel. 5 10 40 05 51

Café Wieża 6

Im neugotischen Turm der ehemaligen Lutherkirche haben Justyna und Darius Czyżkow in zwei renovierten Stockwerken mit viel Liebe ein gemütliches Nostalgie-Café eingerichtet. An den Wänden historische Fotos von Swinemünde. Von ganz oben genießt man eine tolle Aussicht auf die Stadt und ihre Umgebung.

ul. Paderewskiego 7 | Im Sommer tgl. 10–22 Uhr, sonst bis zur Dämmerung

Aussichtscafé Horizon 7

Vom 13. Stock des Swinemünder Hotels Radisson Blu bekommt man einen Ausblick über die ganze Pommersche Bucht – ganz entspannt bei einem Glas Wein oder einem Kaffee.

Hotel Radisson Blu | Al. Baltic Park Molo 2 (13. Etage) | Tel. (91) 4 04 07 30 | Mo-Sa 12–23, So 12–22 Uhr | www.radissonblu.com

Urig geht's im „Hühnerstall" zu, hier mit weihnachtlicher Deko überall

Auf dem Wochenmarkt: stets frisches Obst, Gemüse und andere Lebensmittel

Außerhalb

via Tipp Tawerna Rybacka (Fischertaverne)

An der Marina der Insel Kaseburg (Karsibór), die zu Swinemünde gehört. Die rustikal eingerichtete Taverne mit herrlicher Sommerterrasse liegt direkt am Ufer der Alten Swine. Im Angebot: Frischer Fisch, gefangen von den Fischern und Anglern des Inseldorfes. Etwa Zander mit Geflügelleber und Schleie in Sahnesoße. Bootsverleih. Wunderschön: Eine Fahrt mit dem Katamaran durch das einzigartige Swinedelta mit seinen 44 Inseln. Im Sommer mehrmals täglich, www.narozlewisku.pl.

Ul. 1 Maja 5a | Tel. (00 48) 5 02 15 72 04 | www.karsibor.com.pl

Restaurant & Hotel Rybaczówka

Blockhaus mit exzellentem Fischlokal und neun einfachen Zimmern. Kajakverleih, Katamaranfahrten, Aussichtsturm, herrliche Sommerterrasse direkt an der Alten Swine. Auf der Insel Kaseburg (Karsibór).

ul. 1 Maja 23 | Tel. (91) 8 88 90 60 | www.rybaczowka.swinoujscie.pl | Im Sommer tgl., im Winter Do–So | €–€€

Abends

Złota Rybka

Viele polnische Paare schwingen gerne da ihre Beine und Hüften, wo sie gerade essen und trinken. Da bot sich das freie Sandplätzchen auf der Düne neben der Fischbude als sommerlicher Dancefloor geradezu an.

ul. Żeromskiego (Strandzugang 9 in Höhe ul. Nowowiejskiego)

via Tipp Dancing Scaljano

Disco und Bar. Ob Ü 40 oder U 40, grazil wie ein Engel oder schon ein bisschen eingerostet und hüftsteif – voll-

kommen egal. Vergnügliche Generationen-Bewegung auf der großen Tanzfläche bei gut sortierter Popmusik. An den Wochenenden ganzjährig oft voll. Empfehlenswert!
ul. Żeromskiego 4/Eingang ul. Energetyków | Tgl. 15–22 Uhr, Dancing 19–22 Uhr, Juli/Aug. bis 23 Uhr

Kaufen & stöbern

Grenzmarkt

Je nach nationaler Sichtweise „Polenmarkt" oder „Deutschenmarkt" genannt. Hier, rund 200 Meter vom deutsch-polnischen Grenzübergang, gibt es alles noch immer zu recht günstigen Preisen: Kleidung, Schuhe, Parfüme, Obst, Gemüse, Käse und Wurstwaren, Beeren und Pilze, Räucheraal, Gartenzwerge, Korbmöbel, Antiquitäten, Autoersatzteile und Zigaretten. Feilschen erlaubt. Aber achten Sie auf die bestehenden Zollbestimmungen!
ul. Wojska Polskiego | Mo–Sa 9–15 Uhr

Grüner Markt (Wochenmarkt)

Regionale Produkte, Kleidung, Schuhe, Blumen, sehr günstig.
ul. Kołłataja | Mo–Sa 9–15 Uhr

Galeria Corso

Mehrstöckiges Einkaufszentrum mit 45 Geschäften, Cafés, Gastronomie.
ul. Konstytucji 3-go | Mo–Sa 9–21, So 10–20 Uhr

Antyki

Möbel, Gemälde, Schmuck, Porzellane, Figürchen, Edles und Drolliges.
ul. Boh. Września 52/9 | Tel. (91) 3 27 01 35 | www.antyki-swinoujscie.pl | Mo–Fr 10–18, Sa 10–14 Uhr

Eko Wyspa

Gut sortiertere Mischung aus Reformhaus und Bio-Supermarkt. Ökologische und regionale Produkte: Obst, Gemüse, Fleisch, Müsli, Honig, Öle, Weine, unpasteurisierte Biere …
ul. Grunwaldzka 1a (nahe König-Christus-kirche) | Tel. (91) 3 22 11 66 | Mo–Sa

Regionalladen Familia Błażejówka (Sklep Regionalny)

Der attraktive Laden ist voll von Naturprodukten: großes Angebot an Honigen, regionalen Bieren, pflanzlichen Tinkturen, Tees, Schokoladen, Wodkas, Kerzen, Keramiken, Swinemünde-Souvenirs.
Ul. Powstanców Sląskich/Promenade (nahe Konzertmuschel) | Tel. (00 48) 5 12 62 11 75 | Tgl. ab 10 Uhr

Aktiv & sportlich

Molo Aquapark

Moderner Hotspot für den Indoor-Badespaß: Wasserrutschen, Kinderbecken mit Attraktionen, Spray Park-Pirateninsel, Schwimmbecken, Relax-Becken mit künstlicher Welle, Surf wave, Saunabereich, Aquabar.
Al. Baltic Park Molo 4 | Tel. (91) 4 04 09 60 | www.balticpark-molo.pl | Tgl. 8–22 Uhr

Hochseilgarten im Park Linowy

Mehrere Parcours und Seilwege mit verschiedenen Schwierigkeitsgraden. Baumplattform in zehn Metern Höhe.
ul. Matejki (neben den Tennisplätzen) | Tel. (91) 5 16 10 78 00 | www.parklinowybluszcz.pl

Kitefort Surfcenter

Windsurfen, Stand-up-Paddeln, Kitesurfen auf dem Flachwasserrevier am Oststrand vor der Mühlenbake.
www.kitefort.pl/de

Buchtipp: Meine Kinderjahre
von Theodor Fontane
(insel taschenbuch, 2019)

Autobiographischer Roman über die Jahre des Schriftstellers in Swinemünde. Bunt bewegtes Kleinstadtbild.

via Tipp Schiffsausflüge & Hafenrundfahrten
Ausflugsdampfer der Adler-Flotte ab Stadthafen: zwischen Apr. und Okt. Verbindung zu den Kaiserbädern Bansin, Heringsdorf und Ahlbeck. Auch in den Weihnachtsferien tgl. aber mit eingeschränktem Winterfahrplan. Hafenrundfahrten (75 Minuten) mit deutschsprachigen Erläuterungen mehrmals tgl. sowie Ausflugsfahrten zum Fort Gerharda/ Leuchtturm, Aufenthalt 2,5 Stunden.
Abfahrten: Ul. Wybrzeże Władysława IV/34 (Stadthafen, am Büro der Reederei Adler) | Tel. (91) 3 22 45 88 | www.adler-schiffe.de

Das MS Chateaubriand startet in der Saison tgl. ab Stadthafen zu zweistündigen Rundfahrten auf Deutsch: „Hafen und Natur".
Abfahrten: 10 und 14.30 Uhr, ul. Wybrzeże Władysława IV (gegenüber Museum der Hochseefischerei) | www.swinoujscie-rejsy.pl

Piratenschiff „Roza Weneda": Fahrten ab Stadthafen zur Swinemündung und auf die Ostsee. Abfahrten: In der Saison tgl. 11, 15 u. 19 Uhr, ul. Wybrzeże Władysława IV (gegenüber Museum der Hochseefischerei)

Dom do góry nogami (Das Haus steht Kopf)
Alles ist verkehrt rum – das Dach steht auf der Erde, die Möbel hängen an der Decke.
Promenade (neben Konzertmuschel) | Tel. 8 84 09 02 90 | Saison 10–22, sonst 10–18 Uhr

Stadtrundfahrten
Etwa einstündige Stadtrundfahrten mit deutschen Erläuterungen bieten Pferdedroschken, Elektro-Oldtimer sowie das beliebte Wegebähnchen „Świnoujście-Express" an. Die Bimmelbahn fährt mehrmals täglich von sechs zentralen Stationen ab, etwa an der Promenade (gegenüber Hotel Irys). Auch regelmäßig Ausflugsfahrten nach Ahlbeck und Heringsdorf, www.cyrus-tours.pl. Die zentrale Droschkenstation ist an der Ecke Promenade/ul. Trentowskiego. Die E-Autos starten an der Promenade.
Tel. (91) 3 21 18 65 | www.cyrus-tours.pl | Erwachsene 6 €, Kinder bis 12 Jahre 3 €, Kinder bis 4 Jahre kostenlos

Fahrradverleih BalticBike.pl
Räder aller Art, auch E-Bikes.
Ul. B. Chobrego 33 (zentrale Station schräg gegenüber Campingplatz) | Tel. (0048) 500 412 500

Spielplätze im Kurpark
Am westlichen Teil des Parks, an der ul. Krzywoustego, und im südlichen Teil des Parks, an der ul. Mieszka I.

Berühmtes Wahrzeichen der Stadt: die Mühlenbake ▶

Tour 1: Radrundtour Insel Karsibór

Die Tour verläuft auf drei Inseln: Usedom, Wollin und dem naturidyllischen Kaseburg. Das kleine Eiland mit dem Vogelschutzgebiet Kaseburger Werder (Karsiborska Kępa) ist von der Alten Swine, der Kaiserfahrt und dem Großen Haff eingerahmt. Eine Fahrt mit dem Katamaran durch das Swine-Delta gehört zu den schönsten Naturerlebnissen im Nordwesten Polens (www.narozlewisku.pl).

Charakteristik: Leichte Tour auf wenig befahrenen Straßen und Waldwegen.

Start & Ziel: Swinemünde

Strecke: Swinemünde Stadtfähre – Warszów (Ostswine) – Ognica (Werder) – Insel Kaseburg – Inselrundfahrt – Ognica (Werder) – Warszów (Ostswine) – Stadtfähre

Hinweis: Im Juni 2023 wurde der Tunnel unter der Swine als neue Verbindung zwischen Usedom und Wollin eröffnet. Der bisherige Pendelverkehr der Fähre Karsibór wurde eingestellt!

Entfernung: 36 km

Fahrzeit: ca. 3–4 Stunden

Einkehrtipp: *Tawerna Rybacka* auf Marina der Insel Kaseburg (▶ Seite 60)

Mit der **Stadtfähre Bielik** zum Swinemünder Ortsteil **Warszów** auf der Insel Wollin. Hinter dem Bahnübergang folgt man der ul. Barlickiego auf dem Radweg und biegt nach 300 Metern auf den Radweg an der ul. Ludzi Morza rechts ein. Diese geht später in die wenig befahrene ul. Mostowa über. Wir fahren immer geradeaus. Man passiert die kleine Ortschaft **Ognica (Werder),** die von Weiden und Feldern umgeben ist. Rechter Hand lugt immer wieder die Swine hervor. Nach sieben Kilometern, an der Kreuzung ul. Mostowa/Fähre Karsibór, geht's geradeaus auf die Brücke über die Alte Swine zur **Insel Kaseburg.** Die kleine Insel entstand durch die Abtrennung von der Insel Usedom, als 1880 die **Kaiserfahrt,** der 10 Kilometer lange Kanaldurchstich von der Swine zum **Stettiner Haff**, eingeweiht wurde. Kaseburg ist tischplatt, ein kleines Paradies für Radler, aber auch für Segler, Kajakfahrer und Ornithologen. Es ist unverkennbar: Das abgelegene Eiland erwacht zurzeit aus seinem langen Dornröschenschlaf und wird allmählich auf den zu erwartenden Fremdenverkehr vorbereitet.

Gleich rechts hinter der Brücke liegt ein altes Hafenbecken mit gut erhaltenen Überresten des U-Boot-Hafens von 1944. Hier an der Swine und gleich neben der Kaiserfahrt war die 4. Schulungsflotte der Kriegsmarine stationiert.

Die Asphaltstraße gabelt sich wenige Meter weiter. Hier verzweigen sich die Inselwege. Sie lassen sich zu einer **Inselrundfahrt** verbinden (ca. 17 km, Markierung gelber Strich). Linker Hand liegt die Ortschaft **Karsibór (Kaseburg),** die Tour führt aber zunächst rechts in die ul. Kanałowa und gleich darauf in die ul. Barkowa. Der

schöne Waldweg verläuft nun über rund 6 Kilometer direkt an der **Kaiserfahrt,** dem heutigen *Kanał Piastowski,* entlang und endet an der **Ostmole.** Vom Molenkopf, an dem an manchen Tagen unzählige Möwen kreischen, hat man einen grandiosen Blick auf das Stettiner Haff. Ein wunderbarer, einsamer Flecken Erde!

An der Molenwurzel biegt man rechts auf einen lehmigen Feldweg ab, der bald in einen Schotterweg mündet. Ein Wegweiser mit grüner Markierung weist die Richtung. Es geht durch eine wunderbar grüne Landschaft mit Weiden und Feldern sowie an riesigen Schilfwiesen vorbei, die den gesamten Inselosten prägen und etlichen Inselbewohnern als Erwerbsquelle dienen. Die asphaltierte Dorfstraße 1 Maja führt zur bedeutendsten Sehenswürdigkeit der „Inselhauptstadt" Karsibór, der **Kirche der Heiligen Maria** aus dem 15./16. Jahrhundert. Sie wurde 1826 nach Plänen des preußischen Stararchitekten Karl Friedrich Schinkel umgebaut (Apr.–Okt. Di–Do nach telefonischer Anmeldung: (0048) 693 632 796). Sehenswert ist auch der nahe gelegene **historische evangelische Friedhof** aus dem 19. Jahrhundert mit kunstvollen schmiedeeisernen Umzäunungen, ausgeschildert als *Cmentarz ewangelicki*. Die **Marina Karsibór** mit Übernachtungsmöglichkeiten, Bootsverleih, Katamaranfahrten durch das Swinedelta sowie einer wunderbarer Fischtaverne (► Seite 60) liegt ebenfalls an der langen, zum Teil von naturgeschützten alten Eichen gesäumten Dorfstraße.

Da die große Fähre Karsibór im Juli 2023 wegen der Eröffnung des **Swinetunnel**s stillgelegt wurde, ist die Rückfahrt ab hier identisch mit der Hinfahrt.

Insel Wollin

Insel Wollin

Auf der Insel Wolin liegen die Seebäder Misdroy, Wisełka und Międzywodzie. Freizeitsportler, Badeurlauber und besonders auch Familien mit Kindern finden hier beste und preisgünstige Bedingungen vor.

Die Insel Wollin verzaubert mit einem 37 Kilometer langen Küstenstrand, unterbrochen nur durch eine beeindruckende Steilküste östlich von Międzyzdroje (Misdroy). Der Ort bildet das touristische Zentrum der Insel. Zum Filmfest im Juli reisen alljährlich die polnischen Filmstars an – und mehr als eine halbe Million Touristen. Trotzdem finden sich auch dann noch ruhigere Stellen am weitläufigen Strand. Im kleinen Seebad Wisełka (Neuendorf) haben Badefans die Wahl zwischen Süß- und Salzwasser, denn der Ort liegt direkt am *Jezioro Wisełka* (Neuendorfer See). Międzywodzie (Heidebrink) ist ebenfalls ein kleiner, aber keineswegs verschlafener Ort.

Reiche Geschichte, reiche Naturschätze

Auf dem südlichen Zipfel der Insel liegt die gleichnamige **Stadt Wollin.** Die Kleinstadt hat durch die Zerstörungen im Zweiten Weltkrieg leider viel von ihrem Reiz eingebüßt und lässt heute lediglich erahnen, wie schön und reich die Ortschaft einst gewesen sein mag – und wie historisch bedeutend. Den Grundstein legen slawische Wenden aus dem Osten. Sie lassen sich gegen 700 n. Chr. auf der Insel nieder und leben von Ackerbau und Viehzucht, bald aber auch vom Handel auf mittelalterlichem Weltniveau. Ihre bedeutendste Siedlung war die Inselstadt Jomsburg, der Vorgängerort von Wollin (Stadt). War das, wie oft vermutet, womöglich die sagenumwobene Stadt Vineta? Lage, Größe und Ausgrabungsfunde deuten zumindest darauf hin. Die tatsächlich superreiche Hafen- und Handelsstadt lockt um das Jahr 950 plündernde Seekrieger mit großen Drachenschiffen an: die Wikinger. Sie gründen hier Handelsniederlassungen und bauen Burgen entlang der Dievenow (Dziwna) bis zur Ostseemündung.

Deutsche Kolonisten lassen sich nach der Christianisierung im 12. Jahrhundert nieder. Im Jahre 1648, am Ende des Dreißigjährigen Krieges, werden sowohl Usedom als auch Wollin schwedisch. Beide Inseln kommen 1720 ebenso wie Stettin zu Preußen. 1945 wird die Insel Wollin schließlich zum polnischen Wolin.

Der landschaftlich reizvollste Abschnitt der Insel ist eine Hügelkette. Die höchste Erhebung dieses bewaldeten Landstrichs erreicht der **Grzywacz-Berg** zwischen Misdroy und Wisełka mit 116 Metern.

Der **Wolliner Nationalpark** (► Seite 31) erhält die Heimat für viele seltene Pflanzen und Tiere. Am Rande des Seebads Misdroy sind schwere, urige Rinder zu sehen: **Wisente**. Sie waren fast schon ausgestorben.

◄ *Dorf der Slawen und Wikinger auf der Insel Wollin*

Międzyzdroje (Misdroy)

Misdroy ist das Urlauberzentrum der Insel Wollin und Hauptort am Wolliner Nationalpark. Jährlich im Sommer trifft sich hier die Avantgarde der polnischen Schauspielkunst zum Filmfestival.

Misdroys Lage an der steilen **Kliffküste,** umgeben von beeindruckenden alten Buchenwäldern und mehreren Eiszeitseen, ist wunderschön. Und milder als hier ist das Klima an der gesamten polnischen Ostseeküste nirgends. Das liegt an der mächtigen **Misdroy-Wolliner-Endmoräne,** die die Ortschaft vor den rauen Ost- und Nordostwinden schützt.

In der Hochsaison zieht die einst mondäne „Perle der Ostsee" mit ihren gerade mal 5300 Einwohnern darum ganze Scharen von Touristen an. Ab Mai verwandelt sich allmählich die **östliche Strandpromenade** in einen einzigartigen, ramschigen Budenzauber mit Verkaufsständen für allerlei nützliche und unnütze Strandutensilien, Bernsteinketten und die polnische Pizzavariante Zapiekanki, für verführerisch belegte Gofry-Waffeln und süße Schleckereien an den Lody-Dielen. Misdroy zählt zweifellos zu den beliebtesten Seebädern Polens und der Fremdenverkehr ist weitgehend die einzige Erwerbsquelle vieler Inselbewohner.

Geschichte des Seebads

In der Mitte des 16. Jahrhunderts wird das kleine Fischernest „Mizzedrawe" erstmals urkundlich erwähnt. Der Name bedeutet „zwischen den Quellen", schließlich sprudelten einst zahlreiche **Solequellen** in den umliegenden Wäldern. Zusammen mit der jodhaltigen Seeluft und den Heilmooren dienen sie bei der Behandlung von Erkrankungen der Atemwege, bei Bluthochdruck und bei Herz-Kreislauf-Problemen. Der Aufstieg Misdroys zu einem der berühmtesten

Idyllisch liegen die Kutter auf dem breiten Sandstrand von Misdroy

Ostseebäder beginnt im Jahre 1835 noch ganz bescheiden. 1850 können die damals 317 Einwohner bereits mehr als 500 Badegäste begrüßen.

Kurz darauf sichert und parzelliert man das Dünengelände, die ersten Pensionen wachsen aus dem Sand, ab 1869 kommen Feriendampfer aus Stettin, 1899 tuckern Lokomotiven von Wollin hierher. Um die Jahrhundertwende werden schon weit mehr als 10 000 Kurgäste gezählt. Misdroy wird zum Inbegriff des noblen und eleganten Seebades. Die preußische High Society promeniert bald an den Gestaden der Ostsee, sogar der spätere Kaiser Friedrich III. verbringt hier regelmäßig seinen Prinzenurlaub. Alles, was im Deutschen Reich des späten 19. und frühen 20. Jahrhunderts Rang und Namen hat, kam im Sommer hierher, sah und wurde gesehen. Es sind vor allem reiche Berliner und Stettiner, die sich hier stattliche Villen mit Seeblick bauen.

Kaum von Zerstörungen im Zweiten Weltkrieg betroffen, wird Misdroy 1945 polnisch, in **Międzyzdroje** umbenannt und zum Kurort für die Werktätigen der Volksrepublik Polen. Die alten Hotels und Pensionen werden nun in staatliche Ferienheime und Arbeitersanatorien verwandelt. Aus dieser vergangenen Zeit blieben einige Höhe-Punkte der Stadt stehen – in typischer realsozialistischer Manier hochgezogene Hotelkomplexe am östlichen Ende der Promenade.

Inzwischen sind fast alle der bezaubernden und in der Regel strandnahen Villen aus der Hochzeit der Seebäderarchitektur und des Jugendstils restauriert und in hübsche attraktive Hotels und Pensionen verwandelt. Viele neue, architektonisch allerdings weitgehend gesichtslose Apartmentblöcke sind in den letzten Jahren hinzugekommen. Wohl aus Platzgründen baut man in Misdroy mittlerweile mehr und mehr in die Höhe. Die Skyline des kleinen Seebads ähnelt allmählich einem Miniatur-Manhattan an der Ostseeküste. Höhepunkt des gegenwärtigen Baubooms ist ein hypermodernes neues Stadtzentrum mit Rathaus, Aquapark, Ferienapartments und Hotels, das südwestlich des historischen Ortskerns entstanden ist.

Strandpromenade & Plac Neptuna

Die Flaniermeile Misdroys trägt in ihrem recht ruhigen westlichen Bereich den Namen **Boheterów Warszawy,** in ihrem weitaus trubeligeren östlichen Bereich ab der Seebrücke den Namen **Promenada Gwiazd.** Ersterer endet mit einem wunderbaren Dünen-Laufsteg, an letzterem befinden sich einige touristische Highlights: Der **Kurpark Fryderyk Chopin** aus dem 19. Jahrhundert liegt in einer tiefen Senke südlich der Promenade. Eine schöne grüne Oase im Herzen des Seebads mit alten Lebensbäumen und mächtigen Platanen.

Zu den schönsten erhaltenen Gebäuden im Stil der Bäderarchitektur gehört das ehemalige **Lejeunsche Schloß**. Es ist nach einem reichen Berliner Unternehmer benannt, der die noble Villa 1857 im italienischen Stil ganz nah an den Ostseedünen erbauen ließ. Heute residiert hier das Internationale Kulturhaus. Nebenan sind das **Amphitheater** und das **Wachsfigurenkabinett** sowie einige Restaurants.

Die Fußgängerzone ul. Światowida führt vom Kurpark durch das alte Zentrum, flankiert von einfachen Bürgerhäusern aus dem letzten und vorletzten Jahrhundert zum zentral

Beliebt und belebt: die Seebrücke mit ihren Läden und Restaurants

gelegenen Plac Neptuna, umrundet von Neubauten im Retrostil.

Hier liegen die Restaurants Carmen und das Baron Pub, die zu den besten des Seebads gehören. Das Café Melba ist seit Jahrzehnten eine Institution Misdroys. In den Nebenstraßen, oft eingeklemmt von modernen Apartmenthäusern, überraschen mehrere 100-jährige **Holzhäuser**, die russische oder tirolerische Stilelemente erkennen lassen.

Schön anzusehen sind zahlreiche kleinere **Jugendstilvillen** aus dem frühen 20. Jahrhundert. Die schönsten Villen aus dieser Zeit liegen westlich der Seebrücke. Dazu gehört die historische Villa Stella Maris, heute das eleganteste Hotel des Seebads (►Seite 73). Gleich daneben steht die Krönung der Bäderarchitektur in Misdroy, die Villa Bałtyk, ein Prachtgebäude von 1870, das seit einigen Jahren umfassend saniert wird.

Seebrücke

Zentral in der Mitte der Promenade und des Stadtstrandes gelegen, dominieren die **Seebrücke** und ihr stets geschäftiger Vorplatz das touristische Leben des Seebades. An zwei charakteristischen Kuppelhäuschen öffnet sich eine überdachte Ladenzeile mit Cafés, Pizzerien, Discos und allerlei Geschäften. Sie endet, wo die Ostseewellen unter der Brücke bereits an den Sandstrand rollen. Die beiden Türme im Eingangsbereich sind dem Vorkriegsoriginal nachempfunden. Bereits 1885 entstand an gleicher Stelle ein erster Seesteg, der aber mehrmals durch Stürme oder Packeis zerstört wurde. Im Jahre 1906 hat man die neue Brücke auf 360 Meter verlängert und 2005 auf 395 Meter nochmals erweitert. Seitdem dient ihre Spitze als **Dampferanlegestelle für die Ausflugsdampfer,** die im Sommer regelmäßig nach Ahlbeck, Heringsdorf und Bansin auf Usedom unterwegs sind.

Oceanarium ❶

Westlich der Seebrücke steht der be Neubau des Oceanarium. Über 1000 Meeresbewohner haben hier ihr neues hochmodernes Zuhause gefunden. Zu den Hauptattraktionen zählt neben Haien und Rochen ein lebendiges Korallenriff. Eine multimediale Ausstellung befasst sich mit der weltweiten Bedrohung der verschiedenen Haiarten durch die anhaltende Jagd nach den Knorpelfischen.

www.oceanarium.com.pl

Allee der Stars ❷

Direkt neben dem Hotel *Vienna House Amber Baltic* liegt die bekannteste Meile der Stadt, die kurze **Aleja Gwiazd,** die Allee der Stars. Hier haben seit 1996 während des jährlich im Sommer stattfindenden Filmfestivals bisher mehr als 100 der beliebtesten polnischen Leinwandstars ihre Handabdrücke in Bronze verewigt. Darunter auch Regisseur und Schauspieler Roman Polanski. Ein Walk of Fame ganz wie in Hollywood.

Übernachten

1 Villa Stella Maris
2 Nautilus
3 Hotel Trofana Spa

Essen & Trinken

1 Fischrestaurant Port
2 Restaurant & Pub First
3 Restaurant Kredens
4 Bistro Bar 777
5 Miz-30
6 Eiscafé Melba

Hafen der Fischer 3

Am östlichen Ende der Promenada Gwiazd fällt auf der Stranddüne ein rotes Backsteingebäude auf: die ehemalige Bootsremise des Küstenrettungsdienstes. Heute beherbergt das schmucke Gebäude das empfehlenswerte Fischrestaurant Port (▶Seite 74). Etwas tiefer direkt am Strand liegt der pittoreske Fischerhafen Misdroys mit bunten Kuttern und Selbstbedienungslokalen. Die Idylle trügt, es ist ein harter Arbeitsplatz für die Fischerfamilien. Groß ist das Angebot an gebratenem und geräuchertem Fisch: Dorsch, Heilbutt, Flunder, Scholle, Zander, Lachs, Steinbutt.

Pfarrkirche St. Petri 4

Das heute katholische Gotteshaus ist dem heiligen Apostel Petrus gewidmet. Der neugotische, rote Backsteinbau mit achteckigem Turm steht auf der **Königshöhe,** einem Hügel am Rande der Ortschaft. Die berühmte Orgel ertönt unter anderem beim **Internationalen Festival des Chorliedes**.

Kapelle Stella Matutina 5

In Kurparknähe in der ul. Krótka lehnt das weiße Gebäude an einem Hügel und erinnert fast an eine Villa in Bäderarchitektur und ist nach dem Morgenstern *Stella Matutina* benannt.

Naturkundemuseum (Muzeum Przyrodnicze) 6

Die ständigen Ausstellungen umfassen die Bereiche Flora, Waldtiere, Vogelwelt und Seefauna. Die Vielzahl der präparierten Tiere reicht von einem Seeadlerpaar bis zu einem ausgewachsenen Tümmler. Eine weitere Ausstellung zeigt beeindruckende Bernsteinfunde.

ul. Niepodległości 3 | Tel. (91) 3 28 07 27 | www.wolinpn.pl | Mai–Sep. Di–So 9–17, sonst Di–Sa 9–15 Uhr

Strandtreppe zum Kaffeeberg

Strand

Bis zu 60 Meter breiter Sandstrand an der Stadtfront, der in Richtung Kliff immer schmaler und auch steiniger wird. Zwei Kilometer westlich des Seebades gibt es bei Lubiewo einen FKK-Bereich.

Praktische Tipps

Hinkommen

Bahn: Züge (PKP) der Linie 10 und grüne Emilbusse fahren tagsüber etwa alle 2–3 Stunden Richtung Swinemünde, Wollin (Stadt) und Stettin.
Bus: Busse (PKS) verkehren nach Swinemünde ganzjährig Mo–Fr zwischen 5.40 und 19.30 Uhr mindestens stündlich. Im Juli/August auch mehrmals samstags und sonntags.
Auto: Nationalstraße 3 nach Swinemünde, Nationalstraße 3/E 65 nach Stettin, Woiwodschaftsstraße 102 an der Küste entlang Richtung Kolberg.

Gut zu wissen

Informacja Turystyczna

In den Sommermonaten im Pavillon neben dem Kulturhaus an der Promenade, im Winter im Kulturhaus.

ul. Boh. Warszawy 20 | Tel. (91) 3 28 27 78 | www.miedzyzdroje.pl |
Tgl. 9–17, Okt.–Apr. nur Mo–Fr 9–17 Uhr

Information im PTTK-Gästehaus

Das Gästehaus an der Hauptstraße hat neben preiswerten Zimmern mit einfacher Ausstattung auch eine Tourist-Information.

ul. Kolejowa 2 | Tel. (91) 3 28 04 62 |
Während der Saison tgl. 9–17 Uhr

Gut gebettet

Villa Stella Maris 1

Das prächtige Gebäude an der Promenade ist architektonisch zweifellos das Schmuckstück unter den Misdroyer Hotels und sicherlich auch eine der besten Unterkünfte vor Ort. Es wurde 2006 eröffnet, nachdem die Familie Schwarze das Haus grundlegend restauriert hatte. Viele Teile wie das Treppenhaus und die Kachelöfen sowie historische Jugendstilelemente sind original aus der Hoch-Zeit des Seebades vor über 100 Jahren erhalten geblieben. Jedes Zimmer ist ein Unikat, luxuriös mit Stilmöbeln eingerichtet und barrierefrei. Das schönste und beeindruckendste Gästezimmer dieses an ein Schlösschen erinnernden Hotels ist gewiss das Turmzimmer. Das anspruchsvolle und üppige Frühstücksbuffet variiert täglich. Zum Strand ist es nur ein Katzensprung. Hauseigener Parkplatz, WLAN. Höchst stilvoll präsentiert sich das Hotelrestaurant *La Spezia*. Hier werden italienische und ausgezeichnete regionale Gerichte serviert. Ein nettes Plätzchen findet sich auch im Sommergarten.

ul. Boh. Warszawy 13 | Tel. (91) 3 28 04 81 | www.villa-stella-maris.com | €€€

Nautilus 2

Das hübsche Gebäude an der Strandpromenade und gegenüber der klotzigen Bettenburg *Amber Baltic* stammt aus dem Jahre 1906, 1994 wurde es umfassend renoviert. Seine Lage ist perfekt, zum Strand sind es nur ein paar Schritte ganz nah sind die Seebrücke und die Kliffküste mit dem Woliński-Nationalpark. Die familiär geführte Villa hat 15 individuell ausgestattete Gästezimmer, teilweise mit Meerblick. Sie haben ei-

nen hohen Komfort und verfügen über Balkon. Eine Terrasse befindet sich auf dem Dach. Im Angebot Kuranwendungen wie Moorpackungen und Massagen. Altpolnische Gerichte im beliebten Restaurant *Atlantis*. Parkplatz hinter dem Haus.
Promenada Gwiazd 8 | Tel. (91) 3 28 09 99 | www.hotel-nautilus.pl | €€

Hotel Trofana Wellness & Spa 3
3-Sterne-Hotel im Zentrum. Liegt etwas erhöht mit Blick über den historischen Ortskern, 250 Meter zum Strand. Moderner Anbau mit Klimaanlage. Helle Zimmer, Apartments und Studios. Pool, Saunen, Schönheitspflege, Massagen. Frühstücksbuffet, Restaurant. Parkplatz.
Ul. Zdrojowa 9 | Tel. (91) 328 04 82
www.hotel-trofana.pl. | €€

Willa 777
Zentrale Lage, etwa 300 Meter bis zum Strand. Familienfreundliche, pastellfarbene Zimmer, einige mit Klimaanlage. Spabereich, vielfältiges Frühstück. Bistro Bar. Radverleih. Parkplätze an der Unterkunft.
Ul. Krasickiego 8 | Tel. (91) 328 16 44
www.willa777.pl | €-€€

Von Suppe bis Torte

via Tipp **Fischrestaurant Port** 1
Auf der Stranddüne neben dem pittoresken Fischerhafen: Feines Fischlokal im historischen Klinkergebäude der ehemaligen Küstenrettungsstation. Polnische Küche, schmackhafte Fisch- und Meeresfrüchtegerichte wie Heilbutt in Dill und Zitronenmarinade. Kindermenüs. Große Außenterrasse mit herrlichem Meerblick.
Ul. Campingowa 11 |
Tel. (00 48) 6 66 68 95 40 |
www.port-miedzyzdroje.pl | tgl. und gzj

Restaurant & Pub First 2
Das kleine Restaurant liegt am südlichen Rand des Kurparks. Von außen eher unscheinbar, entpuppt es sich drinnen als urgemütliches, pubtypisches Lokal. Zu den kulinarischen Genüssen zählen etwa das Rinderfilet mit Feigen in Balsamico, die Entenbrust mit Orangen und Senfsoße, die Pfifferlingsuppe und die Jakobsmuscheln. Hervorragende Cocktails. Eine etwas längere Wartezeit sollte man aber einkalkulieren. Auch für Vegetarier geeignet.
ul. Ignacego Krasickiego 10 |
Tel. (91) 3 28 15 16 | €€

Restaurant Kredens 3
Das Lokal liegt versteckt östlich des Kurparks, fernab vom Promenaden- und Strandtrubel. Die Küche kreiert feine, regionale Gerichte. Im Angebot stehen auch Pastagerichte und Salate, es gibt Kindergerichte und für die Kleinen eine große Indoor-Spielecke. Das Restaurant besitzt ein sehr ansprechendes, liebevoll dekoriertes Ambiente mit Sommerterrasse.
ul. 1000-Państwa Polskiego 3 |
Tel. (91) 3 28 05 03 |
www.sporting-miedzyzdroje.pl | €€

Bistro Bar 777 4
Selbstbedienungsrestaurant in Strandnähe. Beste traditionelle polnische Küche, große Auswahl an hausgemachten frischen Gerichten. Auch Suppen und Vegetarisches, Piroggen in vielen Variationen. Tipp: Pierogi mit Blaubeeren. Außenterrasse. Günstig und sehr zu empfehlen.
Ul. Krasickiego 8 | www.willa777.pl |
Täglich ab 11 Uhr

Miz-30 5
Fischbraterei im Fischerkiez direkt am Strand und nahe der Kliffküste.

Hier gibt es besten Fisch mit grandiosem Meerblick. Sommerterrasse, ganzjährig.

Eiscafé Melba 6

Traditionscafé in der Fußgängerzone im Zentrum. Vielfältiges Kuchen- und Eisangebot, leckere Kaffeespezialitäten, kleine Sommerterrasse.
Plac Neptuna 5 | Tel. (91) 3 28 23 16

Einkaufen

Einkaufszentrum Pasaż Pod Gryfem

Zahlreiche Geschäfte, Parkplatz.
ul. Gryfa Pomorskiego 21–25 | www.pasazpodgryfem.pl | Tgl. 9–21 Uhr

Antyki

Antiquitätengeschäft: Möbel, Porzellane, Schmuck, Stoffe, Lampen, Gemälde in stilvollem Interieur.
ul. Krótka 4c | Tel. 6 02 68 45 68 | Apr.–Ende Okt. tgl. ab 11 Uhr

Abends

Disco Dechy pod Molo

Sommerlicher Party-Hotspot unterhalb der Seebrücke.
ul. Boh. Warszawy | Tel. (00 48) 6 04 48 84 41

Aktivitäten

Wisentgehege Misdroy

In dem 18 ha großen Reservat Aussicht auf die zotteligen Wildrinder.
Mai–Sep. Di–So 10–18
Okt.–Apr. Di–Sa 8–16 Uhr

Ostsee-Miniaturenpark (Bałtycki Park Miniatur)

Modelle von Sehenswürdigkeiten aus Polen, Deutschland und anderen nordeuropäischen Ländern, Maßstab 1:25. Es gibt noch ein Modell mit Miniaturbahnen zu bestaunen.
ul. Nowomyśliwska 98 (am westlichen Ortseingang) | www.baltyckiparkminiatur.pl | Tgl. ab 10 Uhr

Amber Baltic Golf Club

Infos an der Rezeption des Hotels *Vienna House Amber Baltic*. In die Landschaft gebettete 18-Loch-Anlage.
ul. Baltycka 13 | 72-514 Kołczewo | Tel. (91) 3 26 51 10 | www.abgc.pl

Schiffsausflüge

Ausflugsdampfer pendeln nach Ahlbeck, Heringsdorf und Bansin.
Abfahrt von der Seebrücke | www.adler-schiffe.de | Apr.–Okt.

Stadtrundfahrten

Halbstündige Stadtrundfahrten mit der blau-weißen Bimmelbahn des Misdroy-Express auf Deutsch. Im Sommer Abfahrt etwa alle 40 Minuten zwischen 10 und 17 Uhr an der Allee der Stars (Aleja Gwiazd) nahe *Hotel Vienna House Amber Baltic*.
www.cyrus-tours.pl

Fahrradverleih

4U-Sport in der Fußgängerzone. Auch Fahrradservice.
Ul. Światowida 14c (Fußgängerzone) | Tel. 7 98 64 94 89 | Ganzjährig geöffnet

Außerhalb

Freilichtmuseum Slawen- und Wikingerdorf in Wollin (Stadt)

Mittelalterliche Hütten und Wehrtürme aus Holz. Die Hütten darf man als Besucher auch betreten.
Recław 37 | 72-510 Recław | Tel. 6 93 39 15 43 | www.jomsborg-vineta.com | Apr.–Juni 10–16, Juli/Aug. 9–18 Uhr, Sep./Okt. 10–16 Uhr

Tour 2: Wanderung von Międzyzdroje zum Türkissee und nach Lubin

Diese Wanderung führt durch den westlichen Teil des Nationalparks Wollin, durch schönen Buchen- und Eichenwald zum Türkissee und bis zum Stettiner Haff bei Lebbin. Unterwegs: reizvolle Naturlandschaften, Relikte frühindustriellen Kreideabbaus, herrliche Aussichten auf das Haff und das Swinedelta. Hunde nicht zugelassen!

Charakteristik: Wanderung mit leichten, mittleren und zuweilen auch steileren Steigungen

Strecke: Bahnhof Misdroy – Nationalpark Wollin – Wicko (Vietzig) – Wapnica (Kalkofen) – Türkissee – Lubin (Lebbin) – Aussichtspunkt *Góra Zielonka* – Rückfahrt mit dem Linienbus

Entfernung: 8 km einfach

Dauer: 2–3 Stunden einfach

Einkehrtipp: Aussichtscafé in Lubin (nur Mai–Sep. ab 10 Uhr)

Am Bahnhof von Międzyzdroje (Misdroy) verläuft die ul. Kolejowa rechts hinab zu einer Bahnunterführung und dann am Städtischen Friedhof vorbei. Hier beginnt der Panorama-Wanderweg mit **blauer Markierung**. Der Waldweg führt in den Wolliner Nationalpark, zunächst zu den **Kozierowskiego-Hügeln** mit einer Aussichtsplattform. Man passiert danach eine kleine Schlucht und eine Lichtung mit ehemaligen Erdölbohrstellen. Nachdem wir den Berg Suchogórz überschritten haben, erreicht man das Dorf Zalesie (Laatziger Ablage). Dann geht's recht steil über den Berg *Suchogórz* und zur Landes- und Schnellstraße 3/E65 hinab. **Zalesie** (Laatziger Ablage) heißt das Dorf, das man gleich nach Überqueren der Straße erreicht. Der Weg führt nun über Hügel, auf denen noch Reste ehemaliger Abschussrampen der Nazi-Vergeltungswaffe 3 (V3) aus den Jahren 1942 bis 1945 zu sehen sind. Mit dieser „Wunderwaffe" wollten die Nazis London ausradieren. Ein kleiner **Bunker,** in dem Geheimwaffen und Geschosse gelagert waren, beherbergt ein **Mini-Museum**.

Der Wanderweg biegt kurz darauf direkt vor der Ortschaft **Wicko** (Vietzig) in ein herrliches Waldtal. Der Ort liegt am **Kleinen Vietziger See,** *Jez. Wicko Małe*, und gehört zum Nationalpark. Aufgrund seiner vor starken Winden geschützten Buchtlage und der geringen Tiefe ist der See – eine schmale Einbuchtung des **Stettiner Haffs** – ein gut geeignetes Terrain für noch ungeübte Segler. 1869 hatte hier der preußische König einen Passagier- und Güterhafen als Wasserverbindung mit Stettin anlegen lassen. Bald darauf erreicht man das waldlose Trzciagowska-Tal. Halden aus dem ehemaligen Kreideabbau erinnern noch an die wirtschaftliche Hochzeit dieser Gegend. Zentrum dieser lukrativen „Kreidezeit" war die Ortschaft **Wapnica** (Kalkofen), die der Wanderweg streift. In diesem im 17. Jahrhundert gegründeten Ort wurde bis 1945 Kalk abgebaut. Der wunderschöne **Türkissee**, *Jez. Turkusowe*, liegt in der

Ortsmitte. Er entstand nach der Flutung einer ehemaligen Kalkgrube ab 1954. Seinen Namen verdankt er seiner ungewöhnlich türkisgrünen Farbe. Der Farbton entsteht, weil die Sonnenstrahlen vom mit weißem Kalk bedeckten Grund reflektiert werden. Der bis zu 21 Meter tiefe See steht unter Landschaftsschutz, ein schmaler Pfad verläuft um das zum Teil steil abfallende Ufer. Ein Restaurant befindet sich neben dem Seeparkplatz. Ein Reitplatz für Kinder und Imbissbuden liegen neben dem Parkplatz am See.

Vom Türkissee aus führt unser Wanderweg hoch zum **Grünen Berg**, *Góra Zielonka*. Von dort oben, 81 Meter über dem Meeresspiegel, genießt man einen atemberaubenden Weitblick auf das größte Binnengewässer Polens, das Stettiner Haff, sowie auf das mit riesigen Schilfarealen ausgedehnte Rückflussdelta der Swine mit seinen 44 Inseln. Dem Berg zu Füßen liegt **Lubin** mit nur 350 Einwohnern. Auf der höchsten Stelle des Dorfes thront die neugotische, rote **Ziegelsteinkirche** aus dem Jahre 1861.

Der Charakter des alten Fischerdorfes änderte sich um das Jahr 1600 schlagartig, nachdem man die großen Kalkschollen entdeckt hatte. Mitte des 19. Jahrhunderts entstand hier eine der ersten Zementfabriken Deutschlands. Im 11. Jahrhundert thronte hier eine mittelalterliche **Schutzburg**, die die Stadt Wollin vor Eindringlingen über die Odermündung warnen sollte. Einige Teile dieser Burg, *Grodzisko* genannt, sind noch erhalten. Im Jahre 1124 kommt Otto von Bamberg hierher und gründet eine Kirche. Überreste dieser ältesten Kirche Pommerns wurden 2009 entdeckt. An diesem magischen Ort öffnet im Sommer eine **Café-Bar** mit schöner Aussichtsterrasse.

Linienbusse und die Express-Bimmelbahn pendeln mehrmals täglich von Lubin nach Misdroy. Es ist ratsam, sich vorab im Touristenbüro über die Fahrzeiten zu informieren.

Besonders intensiv leuchtet der Türkissee im Sonnenlicht

Tour 3: Wanderung über den Kaffeeberg zu den Wisenten

Die kleine Wanderung verbindet zwei der größten Highlights der Insel Wollin: Die zerzauste Kliffküste mit dem aussichtsreichen Kaffeeberg und das Wisentgehege im Wolliner Nationalpark. Hunde sind im Nationalpark nicht zugelassen!

Charakteristik: Einfache Wanderung, ausgenommen Steigung auf den Kaffeeberg

Strecke: Seebrücke in Misdroy – Fischerhafen – Kaffeeberg – Wisentgehege – Naturmuseum Misdroy

Entfernung: 6 km

Dauer: emax. 2–2,5 Stunden Gehzeit insgesamt

Einkehrtipp: *Café Melba* in Misdroy

Von der Misdroyer Seebrücke an der Strandpromenade hat man einen guten Blick auf die beeindruckende **Steilküste** der Insel Wollin. Bei den Fischern mit ihren zahlreichen Fischverkaufsbuden und schönen Strandterrassen am östlichen Ende der Promenade führt ein **schwarz markierter Waldpfad** mit Holzgeländer zunächst rechts steil hoch auf das Kliff. Oben auf dem Höhenrücken verzaubert ein alter Buchenwald. Am **Kaffeeberg**, *Góra Kawcza*, hat man bereits 68 Meter erklommen. Der Blick geht weit über die Pommersche Bucht, an klaren Tagen sind auch die Hafenkräne des 15 Kilometer entfernten Swinemünde gut zu erkennen. Hier oben lag zu deutscher Zeit ein beliebtes Ausflugscafé, das dem Aussichtspunkt seinen Namen gab. Den grandiosen Weitblick hat der deutsch-amerikanische Maler **Lyonel Feininger** 1928 mit seinem Aquarell *Dampfer nach Misdroy* verewigt. Als alternativer Aufstieg zum Kaffeeberg bietet sich seit 2013 wieder eine **hölzerne Steiltreppe** an. Sie führt über 287 Stufen direkt vom Strand aus und etwa 200 Meter vom Fischerhafen entfernt zum Aussichtspunkt empor. Die Konstruktion hängt fast verwegen am Kliffabbruch, umgeben von Steingeröll, morastigem Sand, schief liegenden Baumstämmen und zum Schutz des Kliffs angepflanzten Sträuchern.

Oben am Kaffeeberg verläuft der Wanderweg (weiterhin schwarz markiert, Schild: 2,3 km zu den Wisenten) kurz aufwärts und dann durch den Wald nach unten zur Woiwodschaftsstraße 102. Wir halten uns an der Straße links, knapp 150 Meter entfernt liegt der **Parkplatz Kwasowo**. Hier steht ein großes Eingangsportal zum Nationalpark, ein Pfad führt in etwa 30 Gehminuten durch den Wald zum **Wisentreservat** *Rezerwat Zubrów*. Das 1976 angelegte und 18 Hektar große Reservat mit dem Wisentgehege gehört zu den größten Attraktionen der Insel Wollin. Fast regungslos dösen da die zotteligen und kraftstrotzenden Wildrinder in ihrem stark gesicherten Holzgehege. Genau genommen ist das ein wahrer Glücksfall. Denn das letzte frei lebende Exemplar des größten europäischen Säugetiers erlegte im Jahre 1921 ein entlassener Förster des russischen Zaren im Urwald von Białowieska. Zum Glück hatten einige wenige dieser Tiere in der Obhut zoologischer Gärten überlebt. Mit denen gelang ab 1923 die Zucht zur Rettung des Wildrindes, 1952 konnten die ersten Wisente wieder ausgewildert werden – im neu geschaffenen Nationalpark *Białowieski* an der polnisch-weißrussischen Grenze. Heute gibt es wieder rund 3 200 dieser imposanten Kolosse, etwa 1 800 leben in freier Natur, um die zwei Dutzend im Gehege des Wolliner Nationalparks. Die muskulösen dunkelbraunen Wollberge werden bis zu einer Tonne schwer. Jedenfalls die Bullen. Die Damen sind schlanker und ein paar hundert Kilo leichter. Sie sind alleinerziehend, der Bulle entfernt sich flugs nach der Paarung von der Herde.

Das gesamte Gehege ist ein **Waldzoo**, hier leben auch Wildschweine, Rehe, Hirsche und neuerdings zwei Wölfe. Vom Wisentgehege führt ein breiter Weg 1,2 Kilometer durch Kiefernwald zum **Naturkundemuseum** in Misdroy. Von dort ist es nur ein Katzensprung bis zum Plac Neptuna im Zentrum. In der Fußgängerzone liegen gute Restaurants sowie das traditionsreiche *Café Melba*.

Wisełka (Neuendorf)

Rund 10 Kilometer östlich von Misdroy lockt das kleine Seebad mit seinem wunderbaren, breiten Strand. Genaugenommen sind es sogar zwei Strände: Einer liegt an der See und einer am See.

Der Ort wurde zwar schon im Jahre 1517 erstmals in einem Dokument erwähnt, eine gewisse Bekanntheit bekam Neuendorf aber erst 1899 mit der Bahnverbindung nach Stettin. Im frühen 20. Jahrhundert entwickelte sich der Ort zaghaft zu einem Seebad fern jeglicher Mondänität, wie es das nahe Międzyzdroje (Misdroy) verkörperte. Hier vermieteten die ortsansässigen Fischer und Bauern einfache Gästezimmer, außerdem wurden einige Pensionen erbaut. Zum Teil haben sich diese holzvertäfelten kleinen Gebäude bis heute erhalten. Nur einen Steinwurf vom Ortszentrum erstreckt sich der 20 Hektar große **Neuendorfer See,** der *Jezioro Wisełka*. Hier gibt es mehrere kleine Badestellen und einen Bootsverleih. Anspruchsvolle neue Bebauung der Hanglagen am See.

Unterwegs am Strand

Der Strand liegt etwas mehr als einen Kilometer von der Siedlung entfernt. Dazwischen zieht sich ein schöner Mischwald an der Küste entlang. Ein breiter Waldweg führt schnurgerade von der kleinen, sommerlichen Touristenmeile an der **ul. Leśna** zum Meer. Dieser rot markierte Wanderweg biegt unterwegs rechts ab zum 3,2 Kilometer entfernten **Leuchtturm Kikut.** Nahe der Anhöhe Strażnica steht der 1860 erbaute und 15 Meter hohe Turm. Er ist schön anzusehen, aber leider nicht zugänglich. Ursprünglich diente er als Aussichtsturm, 1962 hat man ihn zum Leuchtturm umfunktioniert.

An der Holztreppe des Badestrandes von Wisełka verläuft der rot markierte Weg weiter am Meer entlang bis ins 8,1 Kilometer entfernte Seebad Misdroy. Die Strandwanderung ist sicherlich ein einzigartiges Naturerlebnis. Hier läuft man an der beeindruckenden **Kliffküste** entlang, dabei wird der Strand streckenweise enorm steinig. Denn bei hohem Seegang bröckeln stetig große Stücke des lehmigen und sandig-steinigen Erdreiches vom Kliff ab. Sie werden von den Strömungen und bei stürmischen Winden fortgerissen. Bei den Misdroyer Fischern endet die maritime Wanderung.

Mit dem Fahrrad unterwegs

Bestens für Radtouren geeignet ist der nordöstliche Teil der Insel und des Nationalparks. Die Gegend ist sehr flach, die Straßen sind wenig von Autos frequentiert. Hier – zwischen den Orten Wisełka und Warnowo – reiht sich ein See an den anderen. Besonders malerisch liegt der **Jez. Czajcze** inmitten eines dichten Mischwalds. Auf der Halbinsel, im 19. Jahrhundert noch völlig von Wasser umspült, sind Reste einer mittelalterlichen slawischen Siedlung aus dem 11./12. Jahrhundert erhalten. Mit vielen Legenden verbunden ist der **Fischotterfelsen,** *Wydrzy Głaz*, ein dicker Stein, der am Ufer aus dem Wasser lugt. Auch die kleineren umliegenden Seen haben ihre Reize. Ministrände, nicht selten verborgen zwischen Schilf und Bäumen, säumen die Ufer. Manchmal führen nur Badestege in die sauberen eiszeitlichen Gewässer. Oft trifft man auf Naturdenkmäler wie knorrige Eichen, Jahrhunderte alt. Von der

Landwirtschaft geprägt ist die Gegend zwischen den Bauerndörfern Kolczewo, Kodrąb und Ładzin. Sie liegen außerhalb des Nationalparks und sind durch alte beeindruckende Alleen verbunden. Restaurants gibt es kaum, nur kleinere Lebensmittelgeschäfte und Trinkkioske. Ein Picknickkorb auf dem Gepäckträger ist daher ratsam.

Praktische Tipps

Hinkommen

Bus: Regelmäßige Busverbindungen mit der staatlichen PKS sowie den grünen Emilbussen nach Misdroy, Swinemünde, Międzywodzie (Heidebrink), Dziwnów (Dievenow) und Kamień Pomorski (Cammin).
Auto: Die Küstenstraße 102 verbindet westlich mit Misdroy und östlich mit Kolberg.

Gut gebettet

Villa Miód Malina
Freundliche Unterkunft am Waldrand. Liebevoll eingerichtet, schöner Garten. Gemeinschaftsküche. 15–20 Minuten Fußweg zum Strand. Hohe Einstufung im Nachhaltigkeitslevel.
Ul. Leśna 4/2 |
Tel. (00 48) 5 01 16 905 2 | €€

Willa Wisełka
Ferienhaus mit 9 freundlichen Zimmern, jeweils mit eigenem Bad. Haustiere erlaubt. Gemeinschaftsküche, Garten, kostenlose Parkplätze.
ul. Nowowiejska 16 | Tel. (91) 3 26 51 21 |
www.booking.com | €

Villa Park
Eine komfortable Familienpension. Waldweg zum Strand. Spabereich.
ul. Nowowiejska 29 | Tel. (91) 3 26 50 65 |
www.villa-park.eu | €€–€€€

Alte Villa neu herausgeputzt: das Ferienhaus Willa Wisełka

Am Strand von Heidebrink: Spaziergänge im Herbst sind besonders stimmungsvoll

Międzywodzie (Heidebrink)

In Heidebrink tobt das Leben – im Hochsommer! Dann herrscht in der Hauptstraße und den Zufahrtstraßen zum Strand ein buntes Treiben mit zum Meer hin ausschwärmenden Urlaubern, Discos, Imbiss- und Souvenirbuden, kleinen Terrassenlokalen und Bars.

Augenzwinkernd wird der herrliche Küstenabschnitt von Międzywodzie (in etwa ausgesprochen *mi en dse wod sche*) als „polnische Cote d'Azur" tituliert. Was die natürlichen Reize dieses Landstrichs an der Ostsee anbetrifft, so muss sich diese nordische Schönheit keinesfalls von ihrem weltberühmten Vorbild am Mittelmeer verstecken. Eine Schickeria wird man hier in den pommerschen Gassen allerdings vergeblich suchen. Von September bis Mai herrscht fast absolute Ruhe, Menschenstille am Strand. Seit einigen Jahren, seit ein paar komfortable Kurhotels ganzjährig geöffnet sind, entwickelt sich allmählich ein Trend zum stillen, erholsamen Urlaub während der kalten Jahreszeit. Im Sommer geht es hingegen ausgesprochen trubelig zu.

Der Ortskern ist eher klein, die meisten Gebäude stammen aus der Nachkriegszeit. Einige elegante Strandvillen aus der Hochzeit des Bades um die vorletzte Jahrhundertwende sind im strandnahen Wald erhalten. Am Bodden gibt es einen **Jachthafen** mit wunderbarem Weitblick bis nach Kamień Pomorski (Cammin) am gegenüber liegenden Ufer.

Der Badeort ging in der Mitte des 19. Jahrhunderts aus dem völlig unbedeutenden Fischernest Heidebrink hervor. Der polnische Ortsname bedeutet „zwischen den Wassern", denn er liegt zwischen dem Camminer Bodden und dem Baltischen Meer.

Strand

Kilometerlanger, bis zu 50 Meter breiter, feinkörniger Sandstrand. Im westlichen Strandbereich (Höhe ul. Plażowa) kinderwagengerechter Zugang über eine lange Rampe. Im Hochsommer proppenvoll. Insbesondere westlich des Seebads ist der Strand stets weitaus leerer.

Hunkommen

Bus: Mit dem Emilbus stdl. von Misdroy. **Auto:** Von Misdroy über die Küstenstraße 102.

Gut gebettet

Millennium Spa

Das Hotel besteht aus drei Gebäuden, die im Küstenwald liegen. Es besteht ein eigener Strandzugang. Alle Zimmer haben Balkon, Dusche, SAT-TV und Kühlschrank. Sie sind auch mit Strandstühlen und Windschutz ausgestattet. Der Wellnessbereich verfügt über Schwimmbad, Salzgrotte und Sauna. Indoorsport, Spielplatz, Tennisplatz und Fahrräder.

ul. Zielona 1 | Tel. (91) 3 81 38 77 | www.owmillennium.pl | €€

Marena Wellness & Spa

Familienfreundliches 3-Sterne-Hotel in ausgezeichneter Lage im Kiefernwald. Zum herrlichen Sandstrand sind es rund 100 Meter. Den Gästen stehen unter anderem ein Spielzimmer, Pool, Saunen und ein Jacuzzi zur Verfügung. Umfangreiches Frühstücksbuffet. Parkplatz. Hohe Einstufung im Nachhaltigkeitslevel.

ul. Turystyczna 1 | Tel. 6 01 05 11 61 | www.marenaspa.pl | €€

Von Suppe bis Torte

Fischbraterei 2 Rybaków

Große Auswahl an frischem Fisch vom eigenen Kutter. Gebraten und geräuchert, exzellent zubereitet.

Ul. Zatoczna 10 | Tel. (00 48) 5 04 20 19 00

Für Kleine das Größte: Sandburgenbauen mit dem puderweichen Ostseestrand

Dziwnów & Rewahler Land

Dziwnów (Dievenow)

Das Seebad Dievenow liegt auf einer rund sechs Kilometer langen Nehrung. Der gleichnamige Fluss Dievenow (polnisch Dziwna) teilt den Ort und bildet zugleich die Grenze zwischen der Insel Wolin und dem polnischen Festland. Dievenow liegt damit halb auf der Insel Wolin, halb auf dem Festland. Touristisch interessanter ist der östliche Teil auf dem Festland.

Dievenow war zu deutscher Zeit ein extra beliebter Badeort mit vornehmem Kurpark, Kurhaus und Promenade. Heute will man an diese Bädertradition wieder anknüpfen.

Trubeliges Zentrum des Ferienortes mit seinen knapp 2700 Einwohnern sind im Sommer die lange **ul. Mickiewicza** mit zahlreichen Speiselokalen, Fischbratereien, Cafés und Souvenirbuden sowie die **Hafenpromenade** *Wybrzeże Kościuszko*, wo im Sommer die beliebten **Koggen- und Piratenschiffe** ablegen und Kurs aufs Haff nach Kamień Pomorski sowie aufs Baltische Meer nehmen. Hier an der langen Kaimauer sind auch die bunten Fischkutter vertäut. Am Ende der Hafenpromenade entstand 2014 eine moderne Marina und ein neuer Fischereihafen.

In Dziwnów (gesprochen *dschiw nuw*) mündet der Fluss Dziwna in die Ostsee. Er ist der östliche Mündungsarm der Oder. Eine eindrucksvolle, rote **Zugbrücke** verbindet hier die Insel Wolin mit dem hinterpommerschen Festland. Die einflügelige Konstruktion der Brücke stammt aus den 1950er-Jahren, in den 1990er-Jahren wurde sie erneuert. Sie ist verkehrsmäßig ein wichtiges Nadelöhr, denn neben der Brücke bei der Wollin (Stadt) und dem **Swinetunnel** ist sie der einzige Straßenzugang auf die Insel. Die heutigen beiden **Mündungsmolen** der Dievenow hat man um das Jahr 1900 errichtet und kürzlich grundlegend renoviert. Mit dem damaligen Molenbau einher ging die lokale Verschiebung der Flussmündung – ursprünglich lag sie rund eineinhalb Kilometer weiter westlich. Der neue Durchstich hinterließ einen Flussarm, es entstand der **Tote See**, *Martwa Dziwna*.

Geschichte des Seebads

Dievenow wird bereits im Jahre 1243 erstmals urkundlich erwähnt. Die Bevölkerung stammte damals fast ausschließlich aus Fischerfamilien, schließlich war und ist der Ort von drei Seiten mit Wasser eingerahmt. Einige Familien verdienten ihr täglich Brot mit der Verarbeitung von Bernstein. Sehr früh, schon 1828, begann der Badebetrieb. Seit 1896 darf die Ortschaft den Beinamen **Solbad** führen, nachdem man Jod- und Bromsolequellen entdeckt hatte.

Aufgrund seiner windreichen Nordwestlage ist Dievenow ein Dorado für Wellenreiter und Segler. Regelmäßig finden hier im Hochsommer Regatten und Wettbewerbe, auch mit internationalem Renommee, statt. Zu den touristischen Highlights des Seebads gehört der grandiose **Sandstrand**. Dahinter erstreckt sich ein hoher Dünengürtel, auf dem die meist schmale **Promenade** verläuft.

◀ *Die bunten Schiffe und Fischkutter verleihen dem Hafen von Dziwnów eine lebendige Atmosphäre*

Strand

Sehr breiter und weiter Sandstrand zwischen Dievenow und Klein Dievenow. Flacher Uferbereich. Surf- und Segelmekka an der polnischen Ostsee. Die Hauptstrände werden (wie überall an der Küste) von Rettungsschwimmern der polnischen Wasserwacht kontrolliert. Im Sommer meist sehr voll. Getränkeangebote in kleinen Verkaufszelten am Strand. Wasserrutsche, Hüpfburg. Viele bringen einen Windschutz mit. Diese nützlichen *parawany* kann man in den Strandbuden kaufen. Holzbuhnen schützen den Strand vor dem Abschwemmen des Sandes.

Hinkommen

Bus: Regelmäßige Busverbindungen (mit der staatlichen PKS und den grünen Emilbussen) nach Stettin, Misdroy, Swinemünde, Kamień Pomorski (Cammin), Kolberg, Koszalin (Köslin).

Gut zu wissen

Tourist-Information

Für Międzywodzie, Dziwnów und Dziwnówek.

ul. Reymonta 10 | Tel. (91) 3 21 89 57 |
www.dziwnow.com.pl |
Nur im Sommer geöffnet, tgl. 10–20 Uhr

Am Fischerhafen liegen die unterschiedlichsten Schiffe vor Anker

Die Zugbrücke verbindet den Ortsteil auf der Insel Wollin mit dem vom Festland

Marina (Jachthafen)
Modernisierte Anlage mit 30 Liegeplätzen, Duschen, Werkstatt, Seglerschenke. Nahe Dievenow-Mündung.
ul. Przymorze 4 | www.dziwnow.pl

Gut gebettet

Stary Dziwnów
Modernes 3-Sterne-Kurhotel mit 36 klimatisierten, komfortablen Zimmern. Rund 200 Meter zum Strand. Spa- und Wellnessbereich mit Sauna und Schwimmbad. Restaurant, Café und Bar.
ul. Kościelna 40 | Tel. (91) 3 21 76 00 | www.starydziwnow.pl | €€

Von Suppe bis Torte

Tawerna Gruba Ryba
Direkt an der Zugbrücke über die Dievenow (Festlandseite). Gute Fischgerichte aus eigenem Fang, schmackhafte Fischsuppe, umfangreiches Meeresfrüchteangebot. Sommerterrasse. Ganzjährig.
Ul. Mickiewicza 23 Tel. | (0 048) 5 023 83 351 www.tawernagrubaryba.pl.

via Tipp **Tawerna U Cywila**
Kleines Fischrestaurant nahe Dievenow-Brücke inselseitig. Fisch und Meeresfrüchte in höchster Qualität und Frische. Sommerterrasse.
Dziwna 13j | Tel. (00 48) 7 25 10 03 33

Tawerna Żeglarska
Im Zentrum. Gute traditionelle polnische Küche und Pizzen. Sommerterrasse.
ul. Mała 5 | Tel. (00 48) 6 92 64 60 05

Bacio Café
Kaffees und Tees, heiße Schokolade und Eis, Kuchen und Torten, Früchte- und Gemüse-Smoothies, Pfannkuchen und Gofry-Waffeln, alles bestens! Kleine Terrasse.
ul. Mickiewicza 34a | Tel. (00 48) 5 04 64 09 41

Kunst & Kultur

Miniaturenpark am Meer
Zu sehen sind en miniature im Maßstab 1:10 die Leuchttürme an der polnischen Ostseeküste sowie Repliken von Lokomotiven, Bahnhöfen und Eisenbahnwagons. Spielplatz, Eis, Café.
ul. Dziwna | Tel. 5 02 28 45 88 |
www.park-miniatur.pl/de |
Mitte Juni–Aug. tgl. 10–19 Uhr,
Mai–Mitte Juni und Sep. tgl. 10–17 Uhr

Schiffstouren

Piraten- und Koggenschiffe fahren im Sommer mehrmals täglich über den Camminer Bodden nach Cammin (▶ Seite 94). Abfahrt an der Kaimauer neben dem Fischereihafen an der Dievenow.
ul. Wybrzeże Kościuszkowskie | Mai–Sep.

Fischerfamilie am Hafen von Dziwnów

Dziwnówek (Klein Dievenow)

Rund drei Kilometer weiter östlich liegt das Seebad **Dziwnówek** (in etwa gesprochen dschiff nu wek) sowohl am Meer, als auch am Fritzower See, *Jezioro Zatoka Wrzosowska*. Dieser See ist eine Bucht des Camminer Boddens. Das Seebad boomt, in den letzten Jahren wurden mehrere hohe Apartmenthäuser in Strandnähe hochgezogen. Der herrliche breite und dünenreiche Sandstrand ist das große Pfund des Badeortes.

Gut gebettet

Holiday Resort Contessa
Der Hotelkomplex besteht aus vier Gebäuden mit Studio-Zimmern und Apartments, mit funktionaler Raumgestaltung. Sie sind teilweise barrierefrei. Zur Anlage inmitten des Seebads und wenige Gehminuten vom Strand entfernt gehören ein Spielplatz, ein Fitness-Studio, ein Fußballplatz sowie ein Parkplatz. Das gesamte Gelände ist von einem netten Garten umgeben. Es gibt zwei Speisesäle, ein Café und einen Grillplatz.
ul. Kamieńska 15–19 | Tel. (91) 3 81 10 82 |
www.hoteleadc.pl | €€

Villa nad Zalewem (Villa am Haff)
Kleines, feines Hotel mit geräumigen Zimmern. Klimaanlage, kostenfreies WLAN, einige Zimmer mit Balkon und Haffblick. Garten, Terrasse, Grillmöglichkeit, Kinderspielplatz. Sehr gutes Preis-Leistungs-Verhältnis. Tolles Frühstück. Naturbelassener Ostseestrand in der Nähe. Parkplatz, Radverleih.
ul. Nad Zalewem 4 | Tel. 5 34 75 06 08 |
www.villanadzalewem.pl | €–€€

Am Strand von Dziwnówek kann es im Sommer schon mal voll werden

Von Suppe bis Torte

Przystanek Alaska (Haltestelle Alaska)
Die zentral gelegene Gaststätte serviert Fischgerichte, es gibt auch polnische Hausmannskost und Kebab.
ul. Kamieńska 11 | €€

Aktiv & sportlich

Reiterhof Pod Kogutem
Schöne Anlage in Wrzosowo bei Dziwnówek mit Pension. Reitunterricht und Ausritte.
Tel. (91) 3 81 29 31 |
www.podkogutem.dziwnowek.pl

Kunst & Kultur

Ostsee Dinosaurierpark (Bałtycki Park Dinozaurów)
Die weitläufige, familienfreundliche Anlage liegt an der Woiwodschaftsstraße 107 in Wrzosowo bei Dziwnówek. Zwischen Tyrannosaurus und Säbelzahntigern finden sich weitere Attraktionen wie ein Safaripark mit einheimischen und exotischen Tieren, ein Mineralmuseum, ein Hüpfburgenland, ein paläontologischer Spielplatz und ein Seilpark.
Wrzosowo 2 | baltyckiparkdinozaurow.pl |
Tgl. Mitte Apr.–Juni 10–18, Juli/Aug. 9–20, Sep. 10–17 Uhr

Tour 4: Radtour von Dziwnów nach Wollin (Stadt)

Vor uns liegt eine idyllische Tour vom Meer zum Stettiner Haff an der Einmündung der Dziwna (Dievenow). Highlight ist die Besichtigung des Städtchens Wollin mit dem interessanten Slawen- und Wikingerdorf. Abkühlung verschafft eine kleine Badestelle.

Charakteristik: Leichte Tour ohne Steigungen, gut ausgebauter Radweg bis Unin, dann 5 km (meist wenig befahrene) Landstraße mit Allee

Strecke: Dziwnów (Dievenow) – Międzywodzie (Heidebrink) – Zastan – Sierosław – Unin – Wollin (Stadt)

Entfernung: ca. 25 km einfach

Dauer: knapp 2 Stunden Fahrzeit einfach

Einkehrtipp: Pizzeria *Z Innej Bajki* (neben der Kirche in Wollin)

Von der Hubbrücke in Dziwnów (Devenow) verläuft der schmale Radweg etwa fünf Kilometer stets neben der Woiwodschaftsstraße 102 und am Küstenwald entlang. Gleich hinter Międzywodzie (Heidebrink) zweigt ein neuerer Radweg nach links ab. Die Strecke führt nun 20 Kilometer vorwiegend durch landwirtschaftlich genutztes Gebiet, vorbei an weiten, leicht hügeligen Feldern. Man passiert alte Bauerndörfer, fast immer ist linker Hand der gleichnamige Fluss Dziwna (Dievenow) in Sicht.

Endpunkt unserer Tour ist die Stadt **Wollin,** das frühere Wollin. Das Städtchen wurde am Ende des Zweiten Weltkriegs zu 90 Prozent in Schutt und Asche gelegt. Zwischen der gotischen Pfarrkirche **St. Nikolaikirche** aus dem 13. Jahrhundert und dem Dievenowufer entstand in den letzten Jahren durch Rekonstruktion ein **neues Altstadtviertel** mit zahlreichen neuen Fachwerkhäusern im historischen Stil der Vorkriegszeit.

Kaum zu glauben, dass an dieser Stelle im 10. Jahrhundert eines der größten Handelszentren Nordeuropas lag. Man nannte die Siedlung damals Jomsborg und viele Archäologen sind sich heute sicher, dass es sich dabei um das legendäre *Vineta* handelt – jener sagenumwobenen, superreichen Ostseemetropole, die an ihrem Hochmut und ihrer Sittenlosigkeit untergegangen sein soll. Ausgrabungsfunde aus slawischer Zeit sind im interessanten **Regionalmuseum** am Marktplatz ausgestellt.

Als Erinnerung an die guten, alten Zeiten findet im Juli/August drei Tage lang das über die pommerschen Grenzen hinaus berühmte **Slawen- und Wikingerfest** statt. Zwei Kilometer südlich der Ortschaft liegt der **Galgenberg** (Wzgórze Wisielców) mit 34 Hügelgräbern, wo im 9./10. Jahrhundert slawische Stammesälteste bestattet wurden, und einer Statue des dreiköpfigen Slawengottes *Tryglaw.* Hier hat man jüngst einen 31 Meter hohen **Aussichtsturm** errichtet, mit Weitblick über die Insel und das **Stettiner Haff**. Am Fuße des Hügels ist ein Zeltplatz mit **Badestrand**.

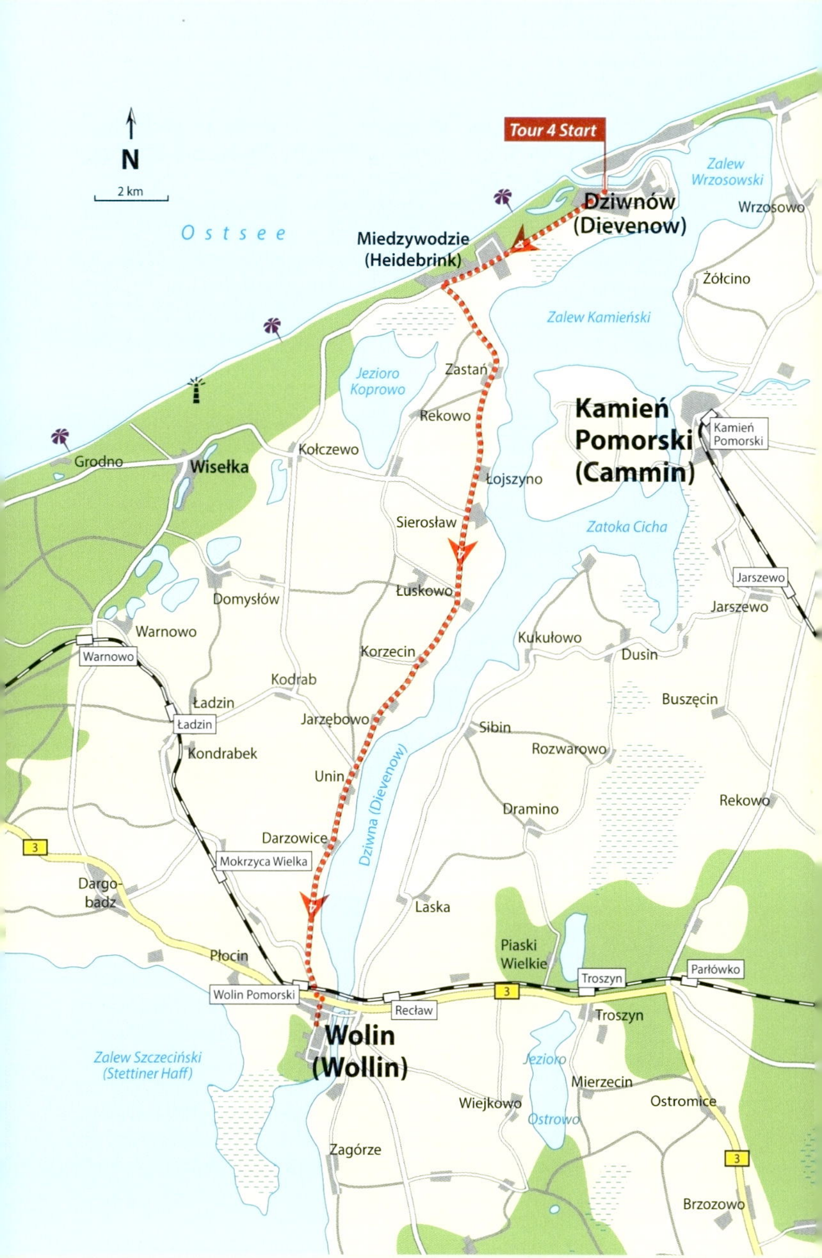
Tour 4 Start
N
2 km
Ostsee
Dziwnów (Dievenow)
Miedzywodzie (Heidebrink)
Zalew Wrzosowski
Wrzosowo
Żółcino
Zalew Kamieński
Jezioro Koprowo
Zastań
Rekowo
Kamień Pomorski (Cammin)
Kamień Pomorski
Kołczewo
Grodno
Wisełka
Łojszyno
Sierosław
Zatoka Cicha
Łuskowo
Domysłów
Jarszewo
Jarszewo
Warnowo
Warnowo
Kukułowo
Dusin
Korzecin
Kodrab
Buszęcin
Ładzin
Ładzin
Jarzębowo
Sibin
Kondrabek
Rozwarowo
Unin
Dziwna (Dievenow)
Rekowo
Dramino
Darzowice
3
Mokrzyca Wielka
Dargo-badz
Laska
Piaski Wielkie
Płocin
Troszyn
Parłówko
Wolin Pomorski
3
Recław
Troszyn
Wolin (Wollin)
Zalew Szczeciński (Stettiner Haff)
Jezioro Ostrowo
Mierzecin
Wiejkowo
Ostromice
Zagórze
3
Brzozowo

Tour 5: Rundtour von Dziwnów nach Kamień Pomorski

Auf der Rundtour erwartet uns ein vielfältiges Programm: radeln, Dinosaurier bestaunen, eine interessante Stadtbesichtigung und eine Schifffahrt.

Charakteristik: Einfache Tour, asphaltierte Radwege

Strecke: Dievenow (Dziwnów) – Klein Dievenow (Dziwnówek) – Cammin (Kamień Pomorski) – optional: Klein Dievenow (Dziwnówek) oder Schifffahrt über Camminer Bodden nach Dievenow

Entfernung: 12 km einfach

Dauer: ca. 2 Stunden reine Fahrzeit hin und zurück/Schifffahrt 45 Min.

Einkehrtipps: *Pod Muzami* in Cammin

Ausgangspunkt ist der **Schiffsanleger** an der Dievenow in der ul. Wybrzeże Kościuszkowskie. Ein **Fahrradverleih** befindet sich rund 150 Meter östlich davon. Von dort auf dem Radweg neben der Küstenstraße 102 ins 3 Kilometer entfernte Klein Dievenow (Dziwnówek). Hier biegen wir in die Woiwodschaftsstraße 107 ein. Danach führt ein neuerer Radweg stets geradeaus und parallel zur Straße. Nach 2,5 Kilometern erreicht man die Ortschaft **Wrzosowo** mit dem Gelände des **Ostsee Dinosaurierparks**. Nach weiteren sechs Kilometern halten wir uns am Ortseingang von **Kamień Pomorski** (Cammin) rechts in Richtung Altstadt. Im historischen Zentrum liegen die Sehenswürdigkeiten des Städtchens eng beieinander. Am alten **Marktplatz** thront das spätgotische **Rathaus** und gegenüber ist das Fachwerkgebäude Hoefs aus dem 17. Jahrhundert erhalten geblieben. Einen Besuch wert ist das **Museum der Steine** im Wolliner Tor (*Brama Wolińska*). Das absolute architektonische Highlight der Stadt und der Region ist aber die **Kathedrale St. Johannes** (*Katedralna św. Jana*) nur ein paar Schritte entfernt. Hier sollte man sich, wenn gerade möglich, einer deutschsprachigen Führung anschließen.

Am Marktplatz mit dem weiten Blick auf den Camminer Bodden kann man in der Fischbar Karczma Marina oder im nahen Hotel-Restaurant Pod Muzami einkehren (▶ Seite 97). Davor liegt die **Seebrücke** mit der **Schiffsanlegestelle**, von der aus die Piratenkogge Victoria I in den Sommermonaten drei bis vier Mal täglich den Camminer Bodden zum gegenüber liegenden Dievenow (Dziwnów) überquert. Hier kann man sich für die Rückfahrt zwischen Schiff und Rad entscheiden. Mit dem Rad nehmen wir die lange **Fußgängerbrücke** neben der modernen **Marina**. Sie führt über eine Einbuchtung des Boddens, die Zatoka Karpinka, ans andere Ufer. Der blau markierte Weg führt bald zur Straße nach Grabowo. Rechter Hand erreichen wir wieder die Woiwodschaftsstraße 107.

N
1000 m
Ostsee
Tour 5 Start
Dziwnów
(Dievenow)
Dziwnówek
(Klein Dievenow)
102
Zatoka Wrzosowska
(Fritzower See)
Reiterhof
Ostsee
Dinosaurierpark
Wrzosowo
(Fritzow)
Zalew Kamieński
(Camminer Bodden)
Żołcino
(Saltin)
Grabowo
Zatoka Karpinka
Dom
Promna
Kamień Pomorski
(Cammin)
103
107

Kamień Pomorski (Cammin)

Im Hinterland, gut 12 Kilometer von Dziwnów (Dievenow), schmiegt sich die Kleinstadt Kamień Pomorski in eine Einbuchtung des Camminer Boddens. Ein kleines, historisches Zentrum hat die Kriege überdauert. Hier stehen alle Sehenswürdigkeiten dicht beieinander, auch die faszinierende gotische Kathedrale.

Am Anfang war an diesem Ort ein Stein. **Chrząszczewska** – früher Gristow – heißt heute die Insel, an dessen Nordufer im seichten Bodden-Wasser der Grund liegt, warum die Ortschaft „Cammin“ bzw. „Kamień“ genannt wird. Die kleine Insel ist zwar auf Polnisch sehr schwer auszusprechen, aber ganz einfach zu finden. Rund wei Kilometer südlich des Stadtzentrums, am Dorf Chrząszczewo, geht's rechts ab nach **Buniewice**.

Ein Feldweg führt von dort zum Ufer – und da liegt er schon, der Stein, der Riesenstein, der **Königsstein**, *Głaz Królewski*. Der eiszeitliche Findling ragt drei Meter aus dem Wasser und hat einen Umfang von 20 Metern. Ursprünglich war er noch größer, aber im 19. Jahrhundert wurde ihm ein Teil für Bauzwecke abgesprengt. In vorchristlicher Zeit diente der kolossale Stein den slawischen Einwohnern als Heiligtum.

Später, nachdem Bischof Otto von Bamberg 1124 den „Steinort“ und ganz Pommern missioniert hatte, versank der Monolith im Reich der Legenden. So wollte ihn eines Tages der Teufel auf die verhasste Camminer Kathedrale schleudern, doch ein eifriger Engel konnte die Untat gerade noch rechtzeitig vereiteln, so dass

Markant: das spätgotische Rathaus

Die Barockorgel der Kathedrale begeistert Musikfreunde mit ihrem Klang

das steinerne Wurfgeschoss in den Bodden klatschte. Auf diese Weise blieb das Camminer Gotteshaus verschont, sogar die Bomben des Zweiten Weltkriegs trafen es nicht.

Dafür ließ der Granatenhagel der russischen Artillerie sichtlich nicht viel vom alten Cammin übrig. Kamień Pomorski wurde nach dem Krieg schnell und mit viel Platte in die Höhe gezogen.

Rekonstruiert hat man 1969 das **spätgotische Rathaus** am Marktplatz, dem *Stary Rynek*. Es entstand in mehreren Bauphasen im 15. und 16. Jahrhundert und ist mit Stufengiebeln, Spitzbogenblenden und einem Dachreiter bekrönt. Im Laubengang wurden öffentliche Verhandlungen des Stadtgerichts abgehalten.

Erhalten blieben auch noch größere Teile der mittelalterlichen **Stadtmauer** mit dem **Wolliner Tor** aus dem 14. Jahrhundert, *Brama Wolińska*, in dessen Turm das interessante Regionalmuseum untergebracht ist, das **Museum der Steine**, *Muzeum Kamieni*.

Am Rathaus führt neben der Freilichtbühne eine breite Treppe zum Bodden hinunter, wo die Fischbar *Karczma Marina* leckeren Backfisch auf ihrer kleinen Terrasse serviert, und zur Seebrücke, wo während der Saison die Ausflugskogge *Victoria I.* über den Bodden nach Dziwnów (Dievenow) ablegt. Gleich daneben liegt die moderne **Marina.** Holen Sie tief Luft, denn nirgendwo sonst an der polnischen Ostseeküste ist sie jodhaltiger als hier!

★ Kathedrale

Zweifellos gehört die **Johannes-Kathedrale**, die Katedra świętego Jana, zu den wertvollsten Architekturdenkmälern Polens. Der ehemalige polnische Präsident Aleksander Kwaśniewski nahm sie 2006 in die

„historische Prestigeliste“ seines Landes auf.

Mit ihrem Bau wird 1175 begonnen. Die Bauarbeiten an der Kathedrale dauerten mehr als 200 Jahre, nicht zuletzt weil brandenburgische Truppen im 13. Jahrhundert zweimal den Ort zerstörten. Ihr gotischer Turm überlebte den Dreißigjährigen Krieg nicht, der heutige neugotische Turm steht erst seit dem 19. Jahrhundert und wurde 1934 grundlegend erneuert.

Das gesamte Kreuzrippengewölbe des Hauptschiffes ist auf zwölf Säulen gestützt. Sie stehen symbolisch für die zwölf Apostel. Das südliche Schiff überrascht dagegen mit einem herrlichen Sterngewölbe. An das schmale Nordschiff schließt sich der Domgarten mit dem Kreuzgang an. Dieser in ganz Polen einzigartige Ort klösterlicher Stille entstand bereits im frühen 14. Jahrhundert, 1881 erhielt er sein heutiges Aussehen. Der spätgotische **Hochaltar** (um 1500) wurde aus der Nikolauskirche in Hoff (Trzęsacz) rechtzeitig vor ihrem Sturz in die See ausgelagert (▶ Seite 101). Die **Malereien im Chorraum** entstanden noch vor 1300.

Das Schmuckstück der Kirche ist die vergoldete **Barockorgel** aus dem Jahre 1699. Das Kunstwerk ist 13 Meter hoch, 9 Meter breit und besitzt 47 Register und 2707 Pfeifen. Jährlich im Sommer lauschen seit 1965 während des längst über die Grenzen Polens hinaus berühmten **Internationalen Festivals der Orgel- und Kammermusik** Tausende den Klängen dieses wunderbaren Instruments.

Kathedrale und Domgarten: im Sommer tgl. 10–18 Uhr geöffnet, sonst nach Vereinbarung und nach der Sonntagsmesse. | Gemeinde-Tel: (00 48) 7 98 77 54 04 | www.katedra-kamienpomorski.pl

Weitere Sehenswürdigkeiten

Historisches Landesuseum

Geschichte der pommerschen Stadt und des Umlandes. Erlebnisausstellung: Der Kondensator von Cammin, das Vermächtnis des findigen Physikers Ewald Georg von Kleist.

Ul. Mickiewicza 34 | Tel. (91) 382 23 73
www.mhzk.eu

Muzeum Kamieni (Museum der Steine)

Ausstellung von Mineralien und Saurierfossilien.

ul. Slowackiego 1 (im Wolliner Torturm) | Sommer tgl., sonst Mo Ruhetag

Schatzkammer der Kathedrale (Skarbiec Katedralny)

Der wertvolle Domschatz ist seit 1945 verschollen, heute nur noch fotografisch dokumentiert. Außerdem zu sehen: bedeutende Manuskripte, Inkunabeln aus der Dombibliothek, Zinngeschirr.

Mo–Sa 9–16 Uhr, So geschlossen

Internationales Festival der Orgel- und Kammermusik

Im Mittelpunkt der Veranstaltungen steht die Barockorgel der Kathedrale. Das Festival ist nicht nur in Polen bekannt. Jedes Jahr zieht es in den Sommermonaten viele Liebhaber der Musik an.

Ende Juni-Anfang Sep.
www.festiwalorganowy-kamien.pl

Marina Cammin

Segler- und Jachthafen, Bootsverleih von Kajaks und Tretbooten. Hotel *Marina Pallatium*, Pub *Marina One* und *Pizzeria Messa*.

Al. Mistrzów Zeglarstwo 2 |
www.marinakamienpomorski.pl

Hinkommen

Bahn: Mehrmals täglich von Stettin, Fahrzeit circa 90 Minuten.
Bus: Linienbusse der staatlichen PKS und die grünen Emilbusse fahren bis zu zwölf Mal tgl. nach Stettin, Misdroy, Swinemünde, Dievenow; mehrmals tgl. nach Kolberg und Gdynia.
Auto: Die Woiwodschaftsstraße 107 ist die Verbindung zur Woiwodschaftsstraße 102, die westlich zur Insel Wollin/Swinemünde und östlich in Richtung Kolberg führt.
Schiff: Im Sommer verkehren mehrmals täglich Piratenschiffe vom und zum Seebad Dievenow (Dziwnów).

Gut gebettet

Pod Muzami
Am Alten Markt. Mittelklassehotel in restauriertem Fachwerkgebäude aus dem 17. Jahrhundert. Urgemütliches **Restaurant**. Traditionelle Gerichte.
ul. Gryfitów 1 | Tel. (91) 3 82 22 40 | www.podmuzami.pl | €€

Von Suppe bis Torte

Fischrestaurant Ryby Zubowicz
Eigener Fang: Zander, Seeforelle, Barsch, Aal, gebraten im Bierteig.
ul. Wilków Morskich 3/2 | Tel. 51 32 31 013 | www.rybyzubowicz.pl

In dem restaurierten Fachwerkgebäude ist das Hotel Pod Muzami untergebracht

Pobierowo (Poberow)

Das Seebad besitzt eine große Sehenswürdigkeit: seinen breiten kilometerlangen Sandstrand. Im Sommer verwandelt sich der Badeort in eine quirlige Partymeile.

Seit mehreren Jahren setzen tausende, vorwiegend jüngere Urlauber aus europäischen Ländern Sommer für Sommer ihre Spuren in den feinen Sand von Pobierowo, bummeln über den vier Kilometer langen **Urlauber-Boulevard Grunwaldzka**. Es herrscht Massentourismus, der sich jedoch in dem langgestreckten Seebad einigermaßen verläuft. Spätestens Anfang Oktober werden die Holzbuden wieder abgebaut, viele Geschäfte geschlossen, die Bürgersteige hochgeklappt. Pobierowo mit seinen knapp 800 Einwohnern fällt in Winterschlaf. Noch. Denn 2024 öffnete am Poberower Strand das größte Hotel Polens mit über 1000 (!) Zimmern, das gleichzeitig bis zu 3000 Urlauber beherbergen kann. Die monströse Bettenburg Gołębiewski in Form eines gigantischen Kreuzfahrtschiffes widerspricht jeglicher Vernunft und könnte den Ferienort völlig umkrempeln.

Lange Zeit war Pobierowo ein Lehen der Adelsfamilie von Kleist. Die Bewohner waren überwiegend Bauern. Doch spätestens zu Beginn des 19. Jahrhunderts waren ihre Äcker so weit versandet, dass sie aufgegeben werden mussten. Ein schlauer Bauer namens Frohreich machte im Jahre 1907 seinem Namen alle Ehre und errichtete dicht am Meer das *Hotel Seeblick*. Es wurde zur Legende. Der Tourismus in Poberow war geboren, er entwickelte sich gut und schnell. Ein hinterpommerscher Bauboom begann. Das Land wurde in den 1930er-Jahren parzelliert. Vor allem viele Berliner nahmen das Angebot wahr und schlenderten nun am Wochenende statt über den Ku'damm durch tiefen

Sonnencreme vergessen? Auf dem Weg zum Strand gibt's allerlei Badeutensilien

Dünensand. Noch heute ist die damalige Bodenaufteilung unverkennbar.

In dieser Vorkriegszeit entstand im Kiefernwald eine kleine Künstlerkolonie, zu ihr gehörten der Schauspieler Theo Lingen (1903–1978) und der Schriftsteller Günter Eich (1907–1972). Eich, erster Preisträger der berühmten *Gruppe 47*, kaufte sich im folgenschweren Jahre 1933 in Poberow ein kleines Holzhaus, traf sich dort mit Lyrikern wie Peter Huchel und schrieb dort in seiner Abgeschiedenheit ein traurig-schönes Poberow-Gedicht: *Weg durch die Dünen*.

Strand

In Łukęcin bis zu 30 Meter breiter, feinsandiger Sandstrand, in Pobierowo bis zu 50 Meter breit. Hohe Stranddünen mit Kiefernwald. Im Sommer ist der Hauptstrand meist sehr voll. Strandbar und Strandkioske sind vorhanden. Große Wasserrutsche und Verleihstelle für Surfer.

Hinkommen

Bus: Regelmäßige Busverbindungen nach Trzebiatów (Treptow), Misdroy, Kamién Pomorski (Cammin), Rewal (Rewahl) und Trzęsacz (Hoff).

Bahn: Keine Direktverbindung, von Stettin bis Kamién Pomorski oder Misdroy, dann weiter mit dem Bus.

Auto: Die Küstenstraße 102 verbindet mit der Insel Wollin, östlich mit Rewahl und Kolberg.

Gut gebettet

via Tipp Wy & Spa

Eine Insel – polnisch wyspa – der Behaglichkeit: komfortables Wellnesshotel mit 24 großzügigen Apartments an der Meerseite. Zimmer für Allergiker. Drei historische Villen auf einer Klippe mit Zugang zum Sandstrand. Sehr breites Spa- und Wellnessangebot, darunter fernöstliche Anwendungen. Restaurant mit bester polnischer und asiatischer Küche. Schöne Außenterrasse, Fahrradverleih, Parkplatz.

Ul. Grunwaldzka 32 | Tel. (91) 3 84 76 40 | www.wyspa.com.pl | €€-€€€

Villa Puerto Spa

Das Hotel im skandinavischen Stil liegt 50 Meter vom Strand entfernt. Die 14 Zimmer und zwei Apartments sind stilvoll eingerichtet und verfügen über Strandausrüstung. Es gibt eine Wellness- und Spazone mit finnischer Sauna, Jacuzzi, Badewanne mit Hydromassage. Das Puerto-Restaurant & Café bietet frische und gesunde Gerichte, die auf ökologischen und regionalen Produkten basieren.

ul. Grunwaldzka 56 | Tel. (00 48) 5 04 94 06 82 | www.villapurto.pl | €€

Von Suppe bis Torte

Restaurant & Café 54

Eins der besten Lokale im Badeort. Großes Angebot an Fisch- und Fleischgerichten. Lecker ist die Fischsuppe, köstlich der selbst gebackene Apfelkuchen. Alles frisch zubereitet, gut portioniert, moderate Preise. Sommerterrasse. Ganzjährig.

Ul. Grunwaldzka 54 | Tel. (00 48) 5 13 59 92 28

Aktiv & sportlich

Rewal Bike System

Der internationale Radweg R10 führt westlich zum Seebad Dziwnów (16 km) und östlich über Rewal nach Trzebiatów (30 km) (► Seite 107).

Reservierung: Tel. (91) 3 87 71 78

Pustkowo (Pustchow)

Pustkowo ist ein ruhiger Ferienort, der für seinen breiten und ganz besonders feinsandigen Strand berühmt ist.

Über viele Jahrhunderte war Pustchow ein Bauern- und Fischerdorf. Gefischt wurde nicht nur in der Ostsee, sondern vor allem auf dem Düpt, einem See, der längst verlandet ist. Heute gehört das kleine, fast stille Seebad zur Gemeinde Rewal. Es ist von altem Kiefernwald umgeben und besitzt einen der schönsten Sandstrände im westlichen Teil der polnischen Ostseeküste. Ein beliebtes polnisches **Pilgerziel** steht direkt am Strand: ein über 20 Meter hohes **Kreuz,** das dem berühmten Eisenkreuz auf dem Tatra-Berg *Giewont* nachempfunden ist. Das Original erreicht allerdings nur 17 Meter Höhe. Das „Baltische Kreuz der Hoffnung" wurde 2007 enthüllt. Das Zentrum des rund 130 Einwohner zählenden Badeortes bildet die ul. Grunwaldzka mit einigen Cafés und Lokalen.

Hinkommen

Bus: Mehrere Busverbindungen tgl. nach Trzebiatów (Treptow a. d. Rega). Im Sommer auch Minibusse zwischen Misdroy und Rewal.
Auto: Die Küstenstraße 102 verbindet mit der Insel Wollin, östlich mit Rewal und Kolberg.

Gut gebettet

Pensjonat Perła Bałtyku
Schöne, familienfreundliche Anlage, rund 15 Gehminuten zum Strand. Alle funktional eingerichteten Zimmer

Beliebtes Pilgerziel: Das „Ostseekreuz der Hoffnung" in Pustkowo

Den besten Blick auf die Kirche am Abgrund hat man von der Strandtreppe

sind geräumig, haben Balkon und WLAN. Gutes Frühstück. Es gibt einen beheizten Außenpool und einen Spielplatz. Nettes Personal.
ul. Magdaleny 1 |
Tel. (00 48) 6 01 41 10 40 |
www.perla-baltyku.com.pl | €–€€

Trzęsacz (Hoff)

Trzęsacz (in etwa gesprochen *tschen satsch*) ist ein kleines Seebad, das vor allem wegen seiner spektakulären Ruine bekannt ist. Nicht nur für Kinder interessant: die historische Schmalspurbahn.

Das Seebad gehört zu den ältesten Ortschaften in diesem Küstenabschnitt. Der kleine Ortskern liegt auf dem Kliff in Sichtweite zu seiner großen Sehenswürdigkeit: Abenteuerlich direkt an der Abbruchkante des Kliffs steht der verbliebene Rest der mittelalterlichen Dorfkirche. Die zentrale touristische Straße des Seebads ist die autofreie und etwa 100 Meter lange **ul. Klifowa**, sie verbindet die Woiwodschaftsstraße 102 mit der Kirchenruine. Hier liegen kleine Restaurants, Cafés und Läden, das **Kliffmuseum** und die **Info-Stelle**. Und hier, gleich neben der Ruine, führt eine steile **Treppe** hinab zum Strand.

Kirchenruine am Abgrund 1 ★

Als St. Nikolaus im 15. Jahrhundert gemäß der Mode gotisch und mit rotem Backstein gebaut wurde, stand die Kirche – wie es sich gehört – mitten im Dorf. Zum Meer hin hielt sie respektvoll Abstand, gut 1 800 Meter lagen zwischen ihr und der See. Als der Pfarrer am 2. August des Jahres 1874 die letzte Messe in dem einschiffigen, gerade mal 23 Meter langen Kirchlein las, waren die nördlichen Fenster zugemauert, sonst hätte die Gemeinde die erbauenden Worte ihres Geistlichen nicht mehr hören können. Denn gewissermaßen schon draußen vor der Tür rauschte das Meer! In den Jahrhunderten dazwischen hatte die raue See stetig an den sandigen Gestaden der Küste genagt und Meter um Meter davon abgebissen, bis das Gotteshaus direkt am 20 Meter hohen Abhang stand. Von nun an ging's bergab: Im Jahre 1900 sank der erste Teil der Strebepfeiler in die Tiefe, ein Jahr später holte das Meer den Kirchenfriedhof, die nördliche und die nordöstliche Wand sowie einen Teil des Presbyteriums. Wieder zwei Jahre später folgte die nordwestliche Ecke dem Ruf der See. So ging das weiter, bis kaum noch etwas von der Kirche übrig blieb. Im Jahre 1994 stürzte schließlich die halbe Südwand ab, so dass heute am Kliffrand nur noch ein Mauerfragment mit drei Fensterbögen standhaft der gefräßigen See trotzt und als Touristen anlockt.

Nicht zuletzt deshalb hat die Gemeinde das löchrige Steilufer terrassenförmig mit Betonwänden befestigt und eine elf Meter hohe und 40 Meter lange **Aussichtsplattform** auf den Strand neben der Ruine platziert. Genau an dieser Stelle, wo die traurigen Kirchenreste harren, schneidet der 15. Längengrad, der für die Festlegung der mitteleuropäischen Zeit maßgeblich ist, die hinterpommersche Küste. Und hier direkt am Kliff entstehen bei günstigen nördlichen Seewinden starke Luftströme, die das **Gleitschirmfliegen** zu einem besonderen Vergnügen machen.

Die **neue Kirche** von Trzęsacz wurde 1880 eingeweiht. Aber auch sie musste jahrzehntelang als Ruine sein Dasein fristen. Der Schicksalsschlag kam diesmal 1945 in Form einer amerikanischen Bombe. Erst vor wenigen Jahren hat man sie wieder aufgebaut. Sie steht (noch) weit weg von der See, zu ihrer Ausstattung gehört der schöne Altar der Vorgängerkirche.

Direkt neben der Kirche liegt ein **Gutspark**. Das **Gutsgebäude** selbst stammt aus dem 19. Jahrhundert und

Die Holzbuhnen schützen die Strände vor Abtragung durch das Meer

wird als Hotel genutzt. Hinter der Kirche steht der örtliche Bahnhof, wo im Sommer die historische Schmalspurbahn zu weiteren Seebädern des Rewahler Landes abfährt.

Museum auf dem Kliff (Muzeum na Klifie) 2

Multimediale Schau über den Fischerort. Auf dem Weg zur Kirchenruine. Eines der modernsten Objekte dieser Art in Polen.

Tgl. und gzj. | www.muzeumtrzesacz.pl

via Tipp Die Küsten-Schmalspurbahn (Nadmorska Kolej)

Ciuchcia Retro Ekspres heißt die historische Schmalspurbahn von 1896 mit einer Schienenbreite von 1 000 mm. Sie pendelt Ende April bis Ende September zwischen Gryfice (Greifenberg) im Landesinnern und der Endstation Pogorzelica (Fischerkathen) durch das „Rewahler Land der Sonne". Die lustige Bummelbahn ist mit 25 km/h unterwegs. Sie kommt morgens vom Depot in Gryfice und pendelt **fünfmal täglich** zwischen den benachbarten Seebädern **Trzęsacz, Rewal, Śliwin, Niechorze** und **Pogorzelica.** Am Abend kehrt sie ins **Eisenbahnmuseum** von Gryfice zurück. Die Gesamtstrecke beträgt einfach etwa 40 km, Fahrräder können gegen einen kleinen Aufpreis mitgeführt werden. Solange die Dampflok von 1950 instandgesetzt wird, zieht eine ebenso alte Diesellok die Wagen.

Tel. (91) 3 86 26 29 | www.kolej.rewal.pl

Strand

Den 30 Meter breiten Sandstrand erreicht man über eine Stahltreppe, die an der Aussichtsplattform neben der Kirchenruine steil hinunterführt.

Hinkommen

Bus: Mehrere Busverbindungen tgl. nach Trzebiatów (Treptow a. d. Rega). Im Sommer verkehren auch Minibusse zwischen Misdroy und Rewal.
Auto: Die Küstenstraße 102 verbindet mit der Insel Wollin, östlich mit Rewahl und Kolberg.

Gut zu wissen

Fremdenverkehrsbüro

Karten, Reiseführer, Zimmer, Souvenirs. Daneben: Café und Bistro.

ul. Klifowa 3b (am Museum auf dem Kliff) | Tel. (91) 3 86 29 26

Gut gebettet

Villa Hoff

Das komfortable Hotel liegt nur etwa 100 Meter vom Strand und der berühmten Kirchenruine entfernt. Die 25 Zimmer und Apartments unterschiedlicher Preisklassen sind hell und geräumig. Ein schönes Wellnessbereich. Die frische Gourmet-Küche des Restaurants Salmon wurde mehrfach prämiert. Serviert werden saisonale internationale und polnische Gerichte. Gartenterrasse. Parkplatz am Haus.

ul. Słoneczna 3 | Tel. (91) 3 87 55 00 | www.villahoff.pl | €€–€€€

Von Suppe bis Torte

via Tipp Kuchnia Wielosmakowa

Kleines, saisonales Restaurant mit internationalen Klassikern, auch Frühstück. Vegane Optionen. Eins der besten Lokale in der Region.

Ul. Nadmorska 18 |
Tel. (00 48) 7 30 25 83 53 |
www.trzesacz.info.pl

★ Rewal (Rewahl)

Die weitläufige Ortschaft ist das touristische Zentrum dieses Küstenabschnitts, der durch seine malerischen Steilhänge geprägt ist. Charakteristisch sind auch die von Kiefern und Fichten bestandenen Dünen – schließlich bedeutet „Rev" soviel wie Sandbank.

Das im Sommer sehr quirlige, aber doch eher „volkstümliche" Seebad mit seinen knapp 4000 Einwohnern unterscheidet sich angenehm von einigen anderen Ostseebädern: Hier geht es nicht so hektisch und laut zu, eher sympathisch lebhaft. Vielleicht verlaufen sich die touristischen Massen auch aufgrund der Weite dieser Ortschaft, die zu den größten Kurorten an der westpommerschen Küste zählt. Das Angebot an Gästehäusern, Pensionen und Hotels ist mittlerweile immens, und jedes Jahr kommen neue hinzu. Von klotzigen Hotelkomplexen blieb das Seebad aber zum Glück verschont. Viele Urlauber gehören der polnischen Mittelschicht an, nicht wenige kommen aus dem pommerschen Umland. Auch junge deutsche Familien mit Kindern sind hier mehr und mehr anzutreffen.

Wie in allen westpommerschen Seebädern ist es auch in Rewal am **Strand** besonders schön. Der feine, fast weiße Sand blendet, wenn die Mittagssonne knallt. Hier am breiten Strand vor dem steilen Kliff stehen die gelb, rot und grün bemalten **Kutter** fotogen nebeneinander, auf ihnen flattern rote und schwarze Fahnen im Seewind. Sie dienen als Markierung für die Stellnetze. Morgens zu bestimmten Zeiten kann man in der Nähe – am Hauptzugang zum Strand – frischen Fisch direkt vom Fischer kaufen. Schier endlos Kilometer um Kilometer zieht sich der Strand dahin, in beide Richtungen. Je weiter man sich vom Hauptstrand entfernt, desto weniger Urlauber.

Die roten Fahnen zeigen den genauen Standort des Fischernetzes im Meer

Sehenswertes

Das ursprüngliche Fischer- und Bauerndorf wurde erstmals 1434 erwähnt. 1838 erhielt der Ort ein Badehaus für warme Meerwasserbäder. Das Gebäude ist noch erhalten, es dient heute als Ärztehaus und steht hinter dem Hotel *Jantar*. Auch weitere Häuser stammen noch aus dieser Zeit, als Rewal zur beliebten Sommerfrische wurde. Das ehemalige preußische Seebad besitzt zudem einen historischen Kern mit schmucken Pensionen, die ihre Vorbesitzer einst als Strandvillen erbauen ließen. Zu Beginn des 20. Jahrhunderts zählte das Seebad um die 2 200 Sommergäste. Heute ist es ein Vielfaches.

Rewal hat außer seinem Strand keine bedeutenden oder gar spektakulären Sehenswürdigkeiten. Die Ortschaft ist aber auffallend gepflegt, etliche Häuser haben Vorgärten, es gibt Grünanlagen, kleine Fußgängerzonen in Kliffnähe und um den **Walplatz** herum. Die dort aufgestellten stählernen Walskelette erinnern an die Wale Ventus und Fluctus (Wind und Wellen), die einst vor Rewal aufgetaucht waren. Von der **Aussichtsplattform** 3 daneben, hoch über dem Strand, hat man einen weiten Blick über den Küstenverlauf. Rund 500 Meter vom Zentrum entfernt gibt's dann doch noch eine kleine Sehenswürdigkeit, die man nicht nur anschauen, sondern in die man auch noch einsteigen kann – die **Schmalspureisenbahn**, den Ciuchcia Retro Ekspres, der mit 25 km/h auch am Bahnhof in Rewal vorbei tuckert und Fahrgäste einlädt. Und wenn bei Rewal die rote Sonne im Meer versinkt, stehen oben am Rande der Kliffküste Scharen von Touristen, um das beeindruckende Spektakel zu verfolgen. Das hoheitsvolle Verschwinden des Lichts, rot wie eine Orange, in die Tiefe ist in vielen polnischen Bädern ein sommerliches Großereignis. Wie auch hier in Rewal.

Strand

Etwa 50 Meter breiter Strand mit samtweichem Sand. Kinderfreundlicher, flacher Uferbereich. Sehr sauberes Wasser, zahlreiche Buhnen, kaum Strandkörbe, Windschutz ist vorteilhaft. Im westlichen Strandabschnitt: Wasserski, Banana-Boat, Wasserrutsche, Volleyball.

Hinkommen

Bus: Busbahnhof, ul. Westerplatte: Täglich mehrere Verbindungen nach Trzesacz (Hoff), Pobierowo, Gryfice, Niechorze, Trzebiatów (Treptow), im Sommer auch Misdroy und Kolberg. **Auto:** Die Küstenstraße 102 verbindet mit der Insel Wollin und führt bis nach Kolberg.

Gut zu wissen

Tourist-Information

Am Sportzentrum neben der Woiwodschaftsstraße 102.

ul. Szkolna 1 | Tel. (91) 3 86 26 29 |
www.rewal.pl |
Hauptsaison: Mo–Fr 8–21, Sa/So 9–16 Uhr

Gut gebettet

via Tipp Oasis Resort & Spa 1

Die anspruchsvolle Ferienanlage am östlichen Ortsrand und direkt an der steilen Kliffküste ist der ideale Ort für Urlauber, die vor allem Ruhe und ein exklusives Ambiente suchen. Das *Oasis* ist sicherlich eines der schönsten Wellnesshotels an der polnischen Ostseeküste mit grünen Liegewiesen, Obstbäumen, duftenden Rosen, Swimmingpool, Kinderspielplatz, Leseraum, Sauna, Spa-Bereich und in mediterranem Stil eingerichteten 4-Sterne-Apartments. Das Hauptgebäude ist eine schmucke Villa von 1895. Das Restaurant, mehrfach ausgezeichnet, verbindet perfekt die polnische und europäische Küche mit der Raffinesse thailändischer Gewürze. Es gibt auch vegetarische Gerichte und eine riesige Auswahl an Desserts. Sportliche Aktivitäten: Tennis, Radverleih.

ul. Klifowa 34 | Tel. (91) 3 86 27 01 |
www.oasisresort.pl | €€–€€€

Villa Sedina 2

Freundliche Pension in historisierender Bäderarchitektur, 150 Meter zum Strand. Die 22 geschmackvoll eingerichteten, hellen Zimmer verfügen über Kühlschrank und Balkon. Fitnessraum, Swimmingpool, Internetzugang.

ul. Mickiewicza 15 | Tel. (91) 3 86 24 48 |
www.sedina.com.pl | €€

Sunset Spa 3

Perfekte Lage direkt am Meer. 60 klimatisierte Standard- und Familienzimmer sowie 11 geräumige Studio-Apartments mit funktionaler Ausstattung und Balkon. Spa-, Wellness- und Erlebnisbereich: Pool und Sauna, Massagen; Fitnessraum, Spielzimmer, Bowling, Tennisplatz, Fahrradverleih. Restaurant mit wunderbarem Meerblick, vielfältiges Frühstück. Parkplätze am Haus.

Ul. Klifowa 14 | Tel. (00 48) 6 05 42 13 06
www.sunsetspa.pl | €€

Rezydencja Stachowiak Family 4

Familienresidenz in hübschem Jugendstilgebäude von 1890. Ruhiges Wohnviertel, Strandnähe. Das Aparthotel bietet gut ausgestattete Zimmer und Apartments mit Küchenzeile und Bad. Wellness- und Spabereich, Swimmingpool, Sauna, große Palette an Massagen. Sommerterrasse. Parkplatz vor Ort.

Ul. Szczecińska 7 |
Tel. (00 48) 6 00 26 12 63 |
www.stachowiakfamily.pl | €€

Von Suppe bis Torte

California 1

Restaurant, Café, Disco – das Terrassenlokal am Kliffrand ist lange eine Institution im Seebad. Polnische Gerichte, Pizza und Pasta. Kuchen, Cocktails. Top Lage mit Ostseeausblick. Der Strand ist um die Ecke. Hier treffen sich Urlauber, um den Sonnenuntergang zu genießen. Andere steuern dann die große Szene-Disco, um sich bis zum Sonnenaufgang auf der Tanzfläche zu vergnügen.

ul. Saperska 3 | Tel. (91) 3 86 28 00 |
www.californiaclub.pl | gzj geöffnet | €€

Tawerna Rybacka 2

Das Lokal hängt wie ein Schwalbennest am steilen Kliff. Die Terrasse bietet einen herrlichen Meerblick. Auf dem Teller: Großartige Fischgerichte.

ul. Saperska 5 | €–€€

Aktiv & sportlich

via Tipp **Rewal Bike System**

Das Fahrrad-Leihsystem besteht aus Leihstationen in Rewal, Trzęsacz (Hoff), Pobierowo (Poberow) und Niechorze (Horst). Radwege verbinden diese Orte der Großgemeinde Rewal. Die Stationen befinden sich an Sport- und Erholungskomplexen, in Rewal neben der Touristen-Information in der ul. Szkolna 2. Die Räder können an jeder Station entliehen und abgegeben werden.

Tel. (91) 3 86 29 93 | www.rewal.pl |
Mai–Sep. tgl. 8–21 Uhr, sonst nur werktags
Tagesticket 40 zł (10 €)

Am Strand von Rewal ist der Sand besonders fein

Zwischen Niechorze und Dźwirzyno

Niechorze (Horst)

Niechorze (etwa gesprochen wie nie ho sche) liegt auf der Nehrung zwischen dem Baltischen Meer und dem Küstensee Liwia Łuża, dem früheren Eiersberger See. Wahrzeichen des Seebads ist der Leuchtturm an der Steilküste.

Durch das Zentrum des kleinen Badeorts mit seinen kaum 1 000 Einwohnern führt die ul. Bursztynowa, die Bernsteinstraße. Die alte Dorfstruktur des Fischerortes ist weitgehend noch erhalten. Kleinere Gassen gehen von der Hauptstraße zum Meer hinab. Einige schöne Häuser sowie ein paar Fischerkaten zieren bis heute die lange Straße, die im Sommer zum proppenvollen, touristischen Ferienboulevard und zur lauten Partymeile wird.

Zum Stadtkern hin geht die viele Kilometer weite **Kliffküste** in eine flache Küste mit gewöhnlicher Dünenbildung über. Die hohen Lehmufer schützen gegen die Westwinde. Östlich der Ortschaft liegt der **Küstensee Liwia Łuża.** Der ist ein Überbleibsel einer ehemaligen Meeresbucht. Durch die Winde und die an der Küste vorherrschende West-Ost-Strömung wurden im Laufe der Zeit anderswo abgetragene Sande hier wieder angelandet. Sie schufen schließlich eine Nehrung, die das Buchtwasser von der Ostsee abtrennte. Heute ist der See ein **Naturschutzgebiet** in dem mehr als 100 Arten von Wasser- und Sumpfvögeln nisten. Ein Wanderweg umrundet den See.

Erstmals erwähnt wird das spätere Fischerdorf zwischen Meer und See im Jahre 1180. Damals siedelten hier in der sumpfigen Einsamkeit Mönche. Spätestens als nach 1870 die ersten Züge nach Horst ans Meer dampften und die ersten Feriengäste ausspuckten, wurde es auf der schmalen Nehrung voller. Man errichtete ein Kurhaus, pflanzte einen Kurpark und baute Pensionen. Seit 1936 darf sich der Badeort mit dem Titel „Seebad" schmücken.

via Tipp Leuchtturm

Eine mehrere hundert Meter lange Betonmauer, die den Urlaubern als eine Art Badepromenade und als Ausguck für die romantischen Sonnenuntergänge dient, schützt seit 1915 den westlichen Uferbereich des Seebads. Dahinter erhebt sich das 22 Meter hohe Kliff. Und oben auf dem Plateau thront der schönste Leuchtturm an der polnischen Ostseeküste. Der achteckige Turm ging 1866 in Betrieb und ist 45 Meter hoch. Im Krieg zerstört, wurde er 1948 wiederaufgebaut. Genau 200 Stufen führen zur **Aussichtsplattform.** Von dort oben blickt man bis zu 50 Kilometer weit. Der Ausblick ist einfach fantastisch: Meer, Strand, Wald. Der gesamte Küstenbereich ist hier fast unverbaut!

Juni–Sep. tgl. 10–18 Uhr

Fischereimuseum /Touristeninfo

Die ständige Ausstellung informiert über den schweren Alltag der Ostseefischer und über die Fauna im Baltischen Meer. Ganzjährig.

Al. Bursztynowa 28 |
www.muzeumniechorze.pl

◀ *Eine Fahrt mit der Küsten-Schmalspurbahn, hier in Niechorze, ist ein besonderes Erlebnis für Groß und Klein (**▶ Seite 103**)*

Strand

Der puderweiche Hauptstrand ist bis zu 30 Meter breit. Hier liegen die gelben Kutter der Fischer. Der saubere Strand wurde mehrfach mit der „**Blauen Flagge**“ ausgezeichnet.

Hinkommen

Auto: Der Ort liegt zwei Kilometer nördlich der Woiwodschaftsstraße 102, die hier die Küste verlässt und nach Treptow a. d. Rega führt.

Bus: Im Sommer stdl. Busse nach Rewal und Pogorzelica (Fischerkathen).

Gut gebettet

Dworek Prawdzic

Das modernisierte und familiär geführte Landhaus hat einen direkten Zugang zum Strand. Die Zimmer sind stilvoll und verfügen alle über Strandutensilien. Einige mit Meerblick. Im Wellnessbereich befinden sich ein Schwimmbad mit Kinderschwimmbecken, Sauna, Whirlpool und Fitnessraum. Innenhof, Fahrradausleihe. Gemütliche Taverne im Hofbereich. Ferienhäuser in Massivbauweise ganz in der Nähe.

ul. Szczecińska 15 | Tel. (91) 3 86 35 63 | www.prawdzic.pl | €€

Illuminiert: der Leuchtturm von Niechorze bei Nacht

Puderweicher Sand am Strand von Niechorze

Amber Park Spa
Ruhiges Mittelklassehotel am Meer. Standard- und Familienzimmer. Schwimmbad mit Kinderbecken, Jacuzzi, Sauna und Dampfbad. Restaurant mit Buffet, Garten und Terasse.
Ul. Zacisna 8 | Tel. (004 8) 5 77 12 91 24 | www.amber-park.pl | €€

Von Suppe bis Torte

Tawerna Pod Wodnikiem
In dem rustikalen Lokal nahe dem Strand genießt man frischen Fisch vom Kutter. Auch Pizza und Pastagerichte. Eine kleine Pension gehört mit dazu.
ul. Parkowa 12 | Tel. (91) 3 86 36 11 | www.tawernapodwodnikiem.ta.pl | €–€€

Fischbraterei Kergulena
Neben gebratenen Fischen wie Kabeljau, Lachs, Zander oder Heilbutt und Meeresfrüchten sind besonders die Fischsuppe Halaszle und der Fisch-Tatar vom Hering beliebt.
Ul. Mazowiecki 5a | www.smazalniaryb.pl Tel. (0048) 516 186 815 |

Fischbraterei U Cywila
Oft als eine der besten Fischbratereien Polens gelobt. Viel Auswahl, auch Heilbutt, Seezunge und Steinbutt.
Ul. Mazowiecka 7a | Tel. (91) 386 34 55

Aktivitäten

Park der Miniaturleuchttürme (Park Miniatur Latarni Morskich)
Sehr schöne Anlage. Ausgestellt sind sämtliche polnische Ostsee-Leuchttürme im Maßstab 1:10.
ul. Ludna 16 | www.park-miniatur-latarni.pl | Im Sommer tgl. 10–19 Uhr

Fahrt mit der Schmalspurbahn
Von Ende April bis Ende September zuckelt die historische Bahn (► Seite 112) fünfmal täglich von Niechorze westlich nach Sliwin (Schleffin), Rewal und Trzęsacz (Hoff) und östlich nach Pogorzelica (Fischerkathen).

Pogorzelica (Fischerkathen)

Das verträumte Dorf Pogorzelica (etwa gesprochen wie *po go sche li za*) ist ein Mini-Badeort, der sich unmittelbar an das Seebad Niechorze (Horst) anschließt.

Das ehemalige Fischerkathen besteht aus einem Waldgebiet, einer Hauptstraße und, natürlich, Strand. Die touristische Epoche als Seebad begann erst in den 1920er-Jahren. Damals bauten vor allem begüterte Berliner hier kleine Strandvillen für ihre Sommerfrische. Bis zum Beginn des Zweiten Weltkriegs stieg die Zahl der Sommerhaus-Besitzer auf rund 600 an. Heute zählt der Ort kaum 200 Einwohner. Vor allem nach der Wendezeit entstanden im Kiefernforst zahlreiche touristische Anlagen: Campinghäuschen, Apartmentgebäude, Sanatorien, einige Hotels. Berühmt wurde vor allem die Mega-Anlage des Hotelkomplexes *Sandra Spa*, eine der größten an der polnischen Ostseeküste.

Strand

Der feine Sandtrand ist bis zu 25 Meter breit. Auf der Stranddüne stehen die Kiefern Spalier, westlich ragt der Leuchtturm von Niechorze (Horst) aus der Küstenlandschaft und in östlicher Richtung zieht sich der Strand meist völlig einsam bis zum zehn Kilometer entfernten Nachbarort Mrzeżyno (Treptower Deep). Der Strand dorthin ist frei zugänglich, während die Waldstraße gesperrt ist. Hier befindet sich ein Militärgebiet. Man muss daher den – sehr empfehlenswerten – Umweg über Trzebiatów (Treptow a. d. Rega) nehmen.

Hinkommen

Auto: Eine Landstraße verbindet mit Horst (Niechorze) und mit der Küstenstraße 102 in Richtungen Trzebiatów/Rewal.

Bus: Tgl. Busse nach Niechorze (Horst), Rewal (Rewahl) und Trzebiatów (Treptow a. d. Rega).

Gut gebettet

Villa Toskana

Das hübsche, sehr gepflegte Gästehaus hat 13 Doppelzimmer und ist sehr ruhig in der Nähe des Endbahnhofs der Schmalspurbahn gelegen. Zum Strand sind es etwa 900 Meter, gut zu Fuß oder mit dem Rad zu erreichen. Mit Restaurant. Schattige Waldterrasse und Kinderspielplatz.

ul. Leśna 3 Tel. | (00 48) 8 80 33 97 77 | www.villatoskana.pl | €€

Sandra Spa & Aquapark

Riesiger Gebäudekomplex mit 500 Betten. Stilvoll eingerichtete Zimmer. Sehr beliebter öffentlicher Aquapark, anspruchsvolle Wellness-Landschaft, 250 Meter zum Strand. Restaurant, Botanischer Garten, Tennis, Apotheke – eine kleine Stadt für sich.

ul. Wojska Polskiego 3 | Tel. (91) 3 87 86 62 | www.sandraspa.pl | €€-€€€

Aktivitäten

Fahrt mit der Schmalspurbahn

Hier ist die Endstation der historischen Küsten-Schmalspurbahn (► Seite 103). Sie kommt morgens von Gryfice (Greifenberg) und pendelt von April bis September fünfmal täglich zwischen Trzebiatów und den benachbarten Seebädern Niechorze (Horst), Śliwin (Schleffin), Rewal (Rewahl) und Trzęsacz (Hoff).

Die Marienkirche und die Elefanten-Skulptur prägen den Marktplatz von Trzebiatów

Trzebiatów (Treptow a. d. Rega)

Trzebiatów (in etwa gesprochen *tsch bia tuf*) zählt zu den schönsten Orten der polnischen Ostseeküste. Er liegt 15 Kilometer südwestlich von Pogorzelica und wird von drei Seiten vom Fluss Rega eingerahmt.

Viele Touristen werden hier nicht gesichtet. Die meisten fahren nur durch die Stadt. Einige finden hierher zum Kurzbesuch, wenn der Wettergott das Badevergnügen vermiest. Dann muss man nur der roten Linie auf den Gehwegen folgen, um auf der zwei Kilometer langen sogenannten **Elefantenroute** mit Info-Tafeln zu den historischen Sehenswürdigkeiten des Rega-Städtchens mit seinen 10 000 Einwohnern zu gelangen.

Geschichte

Bis Ende des 12. Jahrhunderts befand sich auf einer Rega-Insel eine Burganlage, zu der eine wendische Siedlung gehörte. Die ersten deutschen Einwanderer kamen im frühen 13. Jahrhundert, angeworben von dem pommerschen Herzog Barnim I.

Im Jahre 1277 erhielt die Ortschaft die Stadtrechte und kurz darauf das wirtschaftlich bedeutende Recht der zollfreien Schifffahrt auf der Rega. Dadurch wurde der Beitritt zur Hanse möglich. Schiffe transportierten nun Bier, Tuch und Getreide über die Rega und das Baltische Meer vor allem nach Dänemark. Treptow kontrollierte bald uneingeschränkt den Schiffsverkehr auf dem pommerschen Fluss. Das führte notgedrungen zu Zwistigkeiten mit der nahe gelegenen Rega-Stadt Greifenberg. Im 15. Jahrhundert gründete Treptow an der Ostseemündung den Hafen **Regamünde.**

Auf Betreiben der konkurrierenden Stadt Kolberg soll der junge Hafenort schon kurze Zeit darauf abgeriegelt worden sein. Treptow reagierte mit dem Bau eines Rega-Kanals in die Ostsee. So entstand ein zweiter Mündungsarm der Rega mit einem neuen Hafenort: **Treptower Deep**, das heutige **Mrzeżyno** (▶ Seite 118).

Im 16. Jahrhundert wurde in dem hinterpommerschen Städtchen (Religions-) Geschichte geschrieben, und zwar in der Treptower **Heiliggeist-Kapelle**. In dieser um 1400 erbauten Kirche fand im Jahre 1534 der pommersche Landständetag statt, auf dem man unter Mitwirkung des Luther-Freundes und Rektors der örtlichen Lateinschule Johannes Bugenhagen („Dr. Pomeranus") sowie in Anwesenheit der regierenden Herzöge Barnim und Phillip die **Einführung des evangelischen Glaubens (Reformation)** in Pommern beschloss. Im 18. Jahrhundert, diente das Gotteshaus aus rotem Backstein dann als Salzlager, ab 1902 als Aula der Treptower Mädchenschule. Heute ist es die Kirche für die Orthodoxen.

In der Mitte des 19. Jahrhunderts begann sich das Provinzstädtchen auszuweiten. Neue Wohnsiedlungen entstanden, Zucker- und Baustoffwerke sowie eine Silberwarenfabrik wurden gegründet. Im Zweiten Weltkrieg kamen zahlreiche ausgebombte Menschen und Schüler aus westdeutschen Städten nach Hinterpommern, auch nach Treptow. Große Flüchtlingstrecks aus Ostpreußen folgten Anfang 1945.

Die Ortschaft war überfüllt, als im März jenes Jahres die Rote Armee in Treptow einzog. Die militärische Einnahme der Stadt blieb folgenlos, die gesamte Altstadt war völlig unversehrt. Die Zerstörung von nahezu 50 Prozent der Gebäude im Zentrum Treptows erfolgte erst später, nach Beendigung der Kampfhandlungen.

Doch im heutigen Trzebiatów scheint – im Gegensatz zu vielen anderen pommerschen Städten – das architektonische Gesamtbild kaum verändert. Und tatsächlich haben hier die sozialistischen Stadtplaner in der Nachkriegszeit nicht wie andernorts die beschädigten Häuser kurzerhand abgerissen und durch billige Plattenbauten ersetzt, sondern etliche Gebäude – zumindest im Kern der Altstadt – nach alten Plänen und Stichen sowie mit viel Geduld und Liebe fürs Detail rekonstruiert.

Vom Marktplatz zum Grützturm

Heute zeigt sich der **Marktplatz** wohl weitgehend wie vor rund 200 Jahren. Der quadratische Platz ist das Zentrum der schachbrettartigen Stadtanlage. Mittendrauf steht das 1701 im schlichten norddeutschen Barockstil gebaute **Rathaus**.

Wie in Ehrerbietung vor diesem Gebäude säumen schmalbrüstige klassizistische und barocke **Bürgerhäuser** den Platz. Gleich dahinter erhebt sich die mächtige gotische **Marienkirche**, ihr Turm wächst 90 Meter hoch in den pommerschen Himmel. Den kann man aus allen Richtungen schon von weitem sehen und mit etwas Kondition sogar besteigen. Zur **Aussichtsplattform** führt eine sehr enge und steile Wendeltreppe. Dafür bietet sich von dort oben ein wundervolles Panorama. Man blickt über die Stadt, weit über ihr grünes Umland und bis zur zehn Kilometer entfernten Ostsee.

Die meisten Turmbesteiger gönnen sich unterwegs eine Pause und besichtigen die drei Glocken der Kirche: Die *dicke Maria* ist 7,2 Tonnen schwer und wurde 1515 gegossen, bereits 1399 entstand der *alte Gabriel*. Ein junger Spunt dagegen ist die dritte im Bunde, sie stammt aus dem Jahre 1905. Der größte Teil der Innenausstattung der dreischiffigen Hallenkirche – zwischen 1303 und 1370 erbaut – ist aus dem 19. Jahrhundert, darunter die **Orgel**. Spätgotische **Fresken** sind noch als Fragmente erhalten. Das **Sterngewölbe** wird von achteckigen Pfeilern getragen.

An der Fassade des Marktplatz-Eckhauses zur ul. Zajazdowa ist ein seltsames **Elefanten-Sgraffito** zu sehen. Das auf das Jahr 1639 datierte und 1914 wiederentdeckte Bild zeigt die berühmte Elefantendame *Hansken* zusammen mit ihrem Dompteur. Beide zogen damals mit einem Wanderzirkus durch Europa. Auch Treptow lag auf ihrem Tournee-Plan. Und so bildete ein unbekannter Künstler das exotische Rüsseltier für die Nachwelt einfach an der nächstbesten Hauswand ab. Just in diesem Haus mit dem Elefanten-Sgraffito erblickte 1808 der Historiker Johann Gustav Droysen das Licht der Welt. Er starb 1884 und war der Begründer der preußisch-kleindeutschen Geschichtsschreibung.

Die **Stadtmauer** baute man zu Beginn der Hanseepoche im 13. Jahrhundert. Von ihr sind noch beeindruckende Reste nahe dem Rega-Mühlenkanal *Młynówka* übrig geblieben. Im Sommer kann der letzte erhaltene Turm der mittelalterlichen Befestigung besichtigt werden: der sogenannte **Grützturm**, *Baszta Kaszana*.

Seinen seltsamen Namen hat ihm die Legende gegeben. Derzufolge sollen sich eines Nachts die verfeindeten, weil um die Transportrechte auf der Rega konkurrierenden Greifenberger an die Stadtbefestigung herangeschlichen haben, um Trep-

Das Sgraffito in Trzebiatów zeigt den Elefanten Hansken mit seinem Dompteur

Ein besonderes Vergnügen: mit dem Kajak auf der Rega

tow im Morgengrauen einzunehmen. Einem eher schusseligen Wachsoldaten fiel dabei seine Schüssel mit heißer Grütze aus der Hand und landete auf dem Kopf eines Greifenbergers, der vor Schmerzen so laut wehklagte, dass er die ganze Stadt aufweckte. Die glückliche Rettung feiert Trzebiatów noch heute alljährlich im Sommer mit dem **Grützefest**. Der Maler **Lyonel Feininger** (▶ Seite 15) verewigte die 14 Meter hohe Backsteinbastei in Öl.

Palast am Mühlenkanal

Am hohen Ufer des **Mühlenkanals** (*Młynówka*), steht ein prächtiges Gebäude aus dem 17./18. Jahrhundert: der klassizistische **Treptower Palast**, hervorgegangen aus einem bescheidenen Prämonstratenserkloster.

Er wurde restauriert und beherbergt jetzt ein **Kulturzentrum** mit der **Stadtbibliothek**, einer **Galerie**, die den Namen **Lyonel Feininger**s trägt und das **Palastmuseum**. Nach 1750 residierte hier Herzog Friedrich Eugen von Württemberg mit seiner Gemahlin Friederike Sophie Dorothea, Prinzessin von Brandenburg-Schwedt. Eine ihrer Töchter, Prinzessin Sophie Dorothea, heiratete den russischen Zaren Paul I. und wurde dadurch zur Zarin Maria Feodorowna. Von 1785 bis 1790 lebte hier die berühmte Herzogin Anna Maria Czartoryska, die Ehefrau Herzogs Ludwig von Württemberg. Die gebildete und emanzipierte Frau, Verfasserin des viel gelesenen Romans *Malwina*, war eine große Mäzenatin der Kultur. Ihre herrschaftliche Wohnung entwickelte sich damals zu einem Salon für Intellektuelle. Später war das Schloss auch Wohnsitz des preußischen Generals von Blücher, der bei Waterloo gegen Napoleon siegte.

Kulturzentrum/Palastmuseum

Viele Exponate aus archäologischen Grabungen: mittelalterliche Keramik, Münzen, Schmuck. Alte Fotos und

Dokumente. Außerdem einen großbürgerlichen Salon, mittelalterliche Mode und die Galerie Feininger.
ul. Wojska Polskiego 67 |
Tel. (91) 3 87 26 14 | Sommer Di-So, sonst Di-Sa | www.kultura.trzebiatow.pl |

Pferdegestüt Nowielice (Stadnina Koni)

Das hinterpommersche Dorf Nowielice (Neuhof) liegt drei Kilometer von Treptow a. d. Rega entfernt. Die Ursprünge der heutigen Pferdezucht liegen im 19. Jh., als Neuhof eine königliche Staatsdomäne Preußens mit eigenständigem Remonteamt war. Historische Gebäude sind erhalten.
www.nowielice.pl

Hinkommen

Auto: In der Stadt kreuzen sich die Woiwodschaftsstraßen 102 in Richtung Misdroy und Kolberg, die 103 in Richtung Kamień Pomorski (Cammin) und die 109 in Richtung Mrzeżyno.
Bahn: Trzebiatów liegt an der Bahnstrecke von Stettin nach Kolberg.
Bus: Tgl. Busse nach Rewal via Pogorzelica (Fischerkathen) und Niechorze (Horst).

Gut zu wissen

Tourist-Information

Stadtplan, Broschüren zu Aktivitäten.
Rynek 1 (im Rathaus) |
Sommer tgl. 9–17, sonst Mi–So 9–17 Uhr

Gut gebettet

Dworek Regą

Ruhig gelegenes Landhaus an der Rega mit 27 Zimmern, einige mit Balkon. Schwimmbad, Wellnessstudio, Bar, ein Café mit Sommerterrasse, ein Restaurant mit traditionellen polnischen Gerichten in Bio-Qualität. Außerdem: Minigolf, Tennisplatz.
In Nowielice | Tel. (91) 3 87 06 87 |
www.dworek-rega.pl | €€

Pensjonat Pod Wozem

Kleine Pension mit großen Zimmern, einige mit Terrasse. Etwa 500 Meter zum Zentrum. Frühstücksbuffet, Garten, Privatparkplätze.
Ul. II go Pułko Ulanów 8 |
Tel. (00 48) 6 96 48 44 63 |
www.podwozem.pl | €-€€

Von Suppe bis Torte

Pizzeria Gromada

Das zweistöckige, sehr rustikal eingerichtete Lokal liegt zentral direkt am weiten Marktplatz des schönen Städtchens. Serviert wird gute polnische Hausmannskost und Pizza. Auch bei Einheimischen beliebt.
Rynek 27 | Tel. 5 04 24 03 34 | Tgl. | €

Einkaufen

Markt

Lebensmittel, Kleidung und Haushaltsartikel neben der Marienkirche.
Mo–Fr am Vormittag

Aktivitäten

Kajak

Kajaktour auf der Rega von Trzebiatów zur Ostseemündung nach Mrzeżyno (Treptower Deep). Schwierigkeitsgrad: Einfach, kaum Gefälle. Dauer: Etwa 3,5 Stunden für elf Kilometer. Unterwegs: Felder, Feuchtwiesen. Ausgangspunkt: Rega-Ufer an der Straße 102 Richtung Misdroy hinter dem Kreisel/Supermarkt *Biedronka*. Endpunkt: Anlegestelle *Szlak Regi* mit Biwakplatz.
Tel. 5 01 22 56 85 | www.wikingowieregi.pl

Mrzeżyno (Treptower Deep)

Das kleine Seebad besitzt einen herrlichen Sandstrand und faszinierte bereits den Bauhaus-Künstler Lyonel Feininger.

Der heutige Urlaubsort **Mrzeżyno** (in etwa gesprochen *m sche schi no*) war aus der Not geboren: Als die Kolberger ab dem Jahre 1457 die ursprüngliche Regamündung am Resko-See blockierten, um ihren Mitkonkurrenten Treptow zu schwächen, leiteten die bis 1464 den Fluss um und ließen die Rega weiter westlich in die Ostsee münden. Ihren neuen Handelshafen nannten sie **Treptower Deep**.

Auch wenn die Ortschaft mit ihren rund 1 500 Einwohnern längst von touristischen Einrichtungen geprägt ist, zeigen sich hier und da noch einige bauliche Überbleibsel aus den 1920er- und 1930er-Jahren, als Treptower Deep ein kleines Fischernest mit angeschlossener **Künstlerkolonie** um den deutsch-amerikanischen Maler **Lyonel Feininger** (1871–1956) war (▶ Seite 15). Der verbrachte zwischen 1924 und 1935 mit seiner Frau und seinen drei Söhnen die Sommer in Treptower Deep. Der große Maler des Kubismus erinnerte sich 1951 an diese Zeit: „Pommern und die Ostsee ... waren für mein ganzes Schaffen mitbestimmend, und ich zehre noch jetzt an den Erlebnissen..."

Nach 1935 verschwand der größte Teil dieses Strandabschnitts zwischen den beiden Regamündungen für mehr als ein halbes Jahrhundert hinter Stacheldraht. Hier hatte sich das Militär eingenistet, zunächst das nazideutsche, dann das polnische. Viele der Militärbasen sind zu touristischen Zwecken umgerüstet.

Strand

Viele der Touristen kommen wohl vor allem wegen der Ostseewellen, der Naturnähe und der jodreichen Luft hierher und natürlich wegen des großartigen Sandstrands. Der bekam 2005 als erster der polnischen Seebäder das internationale Qualitätszertifikat „**Blaue Flagge**" für seine ökologische Klasse. Ein Großteil des sommerlichen Badespektakels spielt sich außer am Strand vor allem längs der schönen Flusspromenade ab.

Hinkommen

Auto: Die Woiwodschaftsstraße 109 führt von Mrzeżyno (Treptower Deep) nach Trzebiatów (Treptow a. d. Rega), eine Landstraße nach Kolberg.
Bus: Expressbusse verkehren tgl. ungefähr stündlich von Dźwirzyno (Kolberger Deep) nach Kolberg und Treptow/Stettin.

Essen und Übernachten

Gästehaus Merkury (Ośrodek Wypoczynkowy Merkury)

Das Ferienresort besteht aus Hotelgebäuden und einfach ausgestatteten Campinghäusern. Zum Strand sind es 150 Meter. Es gibt einen Mehrzweckspielplatz, Wellnessräume, Radverleih und ein schönes Café.

ul. Kolobrzeska 1c | Tel. (94) 3 86 63 51 | www.owmerkury.com.pl | €–€€

via Tipp **Fischbraterei U Rybaka Mariana**

Gilt als Kultlokal. Zu den Klassikern gehören Brathering und Dorsch-Kroketten.

Ul. Portowa 22 (am Hafen)

Der Resko-See bei Dźwirzyno bietet eine idyllische Alternative zum Meer

Dźwirzyno (Kolberger Deep)

Auf der schmalen Nehrung zwischen der Ostsee und dem Kamper See liegt der im Sommer sehr quirlige Badeort Dźwirzyno (etwa gesprochen *dschwir schi no*), der bis 1945 Kolberger Deep hieß.

An der langen Hauptstraße dominiert im Hochsommer eine trubelige Badespaßatmosphäre, hier reiht sich ein Touristenshop an den anderen, die frische Seeluft pustet hier am Abend vergeblich gegen eine übermächtige Phalanx aus Rauchschwaden der Grillbuden an. Aber recht pittoresk ist der kleine **Fischerhafen** am Kai nahe der Regamündung, wo man vom Kutter frischen Fisch kaufen kann oder auf den Terrassen einiger einfacher Fischlokale Platz nimmt. Hier gibt es auch einen Jachthafen. Eine Zugbrücke führt über den Regaausfluss aus dem Kamper See.

Wenige Kilometer weiter westlich zwischen Mrzeżyno (Treptower Deep) und Dźwirzyno (Kolberger Deep) liegt der unscheinbare Weiler **Rogowo** mit einem naturbelassenen Strand, einigen zu Pensionen umfunktionierten Kasernen und einem Campingplatz oberhalb des fischreichen, Schilf umwuchterten **Resko Przymorskie**. Unter seinem deutschen Namen Kamper See erlangte das Gewässer einst traurige Berühmtheit: Kurz vor dem Ende des Zweiten Weltkriegs stürzte ein Evakuierungsflugzeug mit fast 80 Kindern in den See, wobei die komplette Besatzung ihr Leben verlor.

Aus dem See führt der Hafenkanal, der nach etwa einem Kilometer am Ortsrand von Dźwirzyno in die Ostsee mündet.

Im Sommer herrscht an der Promenade von Dźwirzyno Jahrmarktstimmung

Strand

Auch dieses Seebad mit nur 700 Einwohnern hat einen Superstrand, gesäumt mit nordischen Kiefern und Latschenkiefern, die normalerweise in den Bergen beheimatet sind.

Hinkommen

Auto: Die Woiwodschaftsstraße 109 führt von Mrzeżyno (Treptower Deep) nach Trzebiatów (Treptow), eine Landstraße nach Kolberg.

Bus: Expressbusse verkehren tgl. ungefähr stündlich von Dźwirzyno nach Kolberg und Treptow/Stettin.

Gut gebettet

Neptuno Resort & Spa

Das Hotel mit 70 stilvollen, komfortablen Zimmern und Apartments liegt am küstennahen Kiefernwald und direkt an einer weitläufigen Stranddüne. Zum Strand sind es nur 100 Meter. Ein behaglicher Ort mit einem umfangreichen Wellnessangebot und großzügigem Frühstücksbuffet. Das Resort wurde mehrfach für seine ausgesprochene Kinderfreundlichkeit ausgezeichnet. Großen Wert legt man auf eine regionale Küche mit frischen Produkten. Sommergarten und Bistro-Bar. Parkplatz.

ul. Wyzwolenia 25 | Tel. (94) 3 58 54 28 | www.neptuno.pl | €€

Kurhaus Bryza

Modernisiertes Kurhaus im Zentrum, etwa 250 Meter zum Strand. Sauna, Hallenbad, Garten mit Liegestühlen, angenehme Atmosphäre.

ul. Piastowska 6 | Tel. (94) 3 54 03 58 | www.osrodekbryza.pl | €€

Camping Biała Mewa Nr. 88 (Weiße Möwe)

Große Anlage ca. 200 Meter zum

Strand, schattig, auch Bungalows für 4 Personen. Kinderspielplatz.
ul. Wyzwolenia 48 | Tel. (94) 3 58 54 02 | www.bialamewa.dzwirzyno.pl | €

Von Suppe bis Torte

Am Fischereihafen gibt es mehrere Fischlokale, in denen Fisch fangfrisch serviert wird.

Mesa Grill Restaurant Café
Gerichte aus lokal gefangenem Fisch, Fischsuppe, Rindfleischburger, Pfannkuchen, Pasta und Kuchen. Ausschließlich glutenfreie Menüs. Ganzjährig, 50 Meter zum Strand.
Ul. Wyzwolenia 4j (Hauptstraße) | Tel. (00 48) 5 13 50 32 03 | www.mesaglutenfree.pl

Fischbraterei U Karasia
Lokal mit maritimem Flair. Auf der Karte: Dorsch, Flunder, Heilbutt.
Ul. Wyzwolenia 4c (Hauptstraße)
Tel. (0048) 605 951 415

Fischbraterei U Mirka
Familienlokal mit guten Fischgerichten, Suppen, Salate. Auch bei Einheimischen beliebt. Außenterrasse.
ul. Rybacka 11 | Tel. 6 60 85 68 58 | In der Saison tgl. 12–22 Uhr | €–€€

Aktiv & sportlich

Schiffsausflüge
Am Fischereihafen, wo der nahe Resko-See sich über den Hafenkanal mit der Ostsee verbindet, legen im Sommer Ausflugsschiffe aufs Meer ab. Der Hafen ist auch Startpunkt für Angelfahrten. Die aktuellen Abfahrtszeiten sind am Kai ausgehängt.

Wandern
Ein 1 Kilometer langer **Naturlehrpfad** mit zweisprachigen Infotafeln führt durch den Dünenwald. Unterwegs mehrere Strandzugänge. Der Weg ist mit einer Sonne markiert. Ausgangs- und Endpunkt sind die beiden 5-Sterne-Hotels.

Ideales Badewetter in Dźwirzyno

Kołobrzeg (Kolberg)

Seebad Kolberg

Die mit rund 47 000 Einwohnern größte Küstenstadt Hinterpommerns liegt an der Mündung der Persante (Parsęta) in die Ostsee. Kołobrzeg (in etwa gesprochen ko uob tscheg), das einstige deutsche Seebad mit europäischem Renommee, ist heute Polens größter und beliebtester Kurort.

Das Beste in Kolberg

- ★ **Kolberger Dom:** Das beeindruckendste Gebäude Kolbergs. Die Marienbasilika beinhaltet zudem historisch interessante Gegenstände.
- ★ **Leuchtturm:** Tolle Aussichtsplattform und Fossilienmuseum
- ★ **Altstädtisches Rathaus:** Ein Wahrzeichen von Kolberg, beherbergt eine Galerie für moderne Kunst

Die Kurmetropole besitzt alles, was ein international anerkanntes Seebad heute bieten muss: einen herrlichen, langen Sandstrand, gesunde Seeluft und sauberes Wasser, eine quirlige Promenade zum Flanieren, einen weitläufigen Kurpark, moderne Spa- und Wellnesstempel, auch ein breites Kulturangebot, nicht zuletzt Rad- und Wanderwege in der Stadt und in der nahen Umgebung. Die alte Hansestadt blickt zudem auf eine ereignisreiche und mehr als tausendjährige Geschichte zurück.

Vor allem touristisch ist das Seebad in den letzten 15 bis 20 Jahren aufgeblüht. Es entstanden in diesen Jahren zahlreiche Kurhotels, Kurkliniken, Sanatorien, Pensionen, Ferienapartments in allen Preisklassen, auch etliche exzellente Restaurants, gemütliche Cafés und Pubs.

Die rege Bautätigkeit scheint inzwischen abgeschlossen zu sein, auch weil der Bauboom im Stadtgebiet kaum noch ein strandnahes Plätzchen für Neubauten frei gelassen hat. Daher hat man zentrumsfern am östlichen Rand des Kurviertels mehrere riesige und luxuriöse Spa- und Wellnesshotels hochgezogen.

Neben der wichtigen **Fischereiwirtschaft** und der weit weniger bedeutenden Nahrungs-, Textil- und Elektroindustrie bildet heute der **Fremdenverkehr** wieder, und keinesfalls nur in den Sommermonaten, den wichtigsten Wirtschaftszweig des Ostsee- und Kurbades. Die Stadt kann mittlerweile jährlich auf über zwei Millionen Übernachtungen verweisen, Tendenz steigend. Annähernd 50 Prozent der Besucher sind deutsche Ferien- und Kurgäste.

Mit finanziellen Mitteln aus dem Topf für regionale Entwicklung der Europäischen Union konnte die Hafenstadt seit 2004 zahlreiche infrastrukturelle und touristische Projekte verwirklichen. Dazu gehören das neue Radwegenetz, Strandzugänge, Promenaden- und Parkwege, Einrichtungen des Fischerei- und Passagierhafens sowie der modernen Ma-

◀ Der Leuchtturm von Kolberg bietet nicht nur einen großartigen Blick über die Stadt, sondern ist auch an sich beeindruckend

Kolberg

Offizieller Name: Kołobrzeg (gesprochen *ko wu bscheg*) (bis 1945 Kolberg)
Gründung: 1255
Verwaltung: Kreisstadt in der Woiwodschaft Westpommern
Einwohner: ca. 46 000 (Stand 2022)
PLZ: 78–100 bis 78–106
Vorwahl: (0048) 94
Fläche: 25,67 km^2
Geografische Lage: Direkt an der Ostsee und an der Persante, 110 km östlich von Swinemünde, 150 km bis Stettin, der Hauptstadt der Woiwodschaft
Wirtschaft: Tourismus, Fischereiwirtschaft, Nahrungs-, Textil- und Elektroindustrie
Arbeitslosenquote: unter 4 % (Stand 2023)

rina, Brücken über die Persante und Zufahrtsstraßen in die Stadt. Gewiss nicht alles ist architektonisch gelungen, was man seitdem gebaut hat. Geblieben sind auch die monströsen, realsozialistischen Plattenbauten aus den 1970er-Jahren, die wie eine gigantische Stadtmauer am südwestlichen Teil des Zentrums und zur Persante hin aufragen. Doch Kolberg hat sichtlich viel vor, man will zur internationalen Kur- und Kulturstadt aufsteigen. Die natürlichen Voraussetzungen dazu sind gegeben – mit den sprudelnden **Solequellen** und dem berühmten heilsamen Kolberger Mikroklima, dem milden Reizklima mit salzhaltiger Ostseeluft. Damit und mit den neuen, modernen Wellnessanlagen lässt sich so manches Zipperlein bestens beheben. Behandelt werden unter anderem Atemwegs- und Kreislauferkrankungen, Allergien, Stoffwechselprobleme und Rheumatismus.

Ähnlich wie Swinemünde ist auch Kolberg mit seinem Kurviertel, dem wieder aufgebauten alten Zentrum, den Parkanlagen, mit Fischerei-, Handels- und Marinehafen enorm großflächig. Viele Besucher legen daher die Distanzen zwischen diesen Stadtteilen mit dem Rad zurück. Die Beschilderung der städtischen Radwege ist ausgesprochen übersichtlich.

Der weite, sehr feinkörnige Strand, der Żeromski-Park gleich dahinter sowie das Kurviertel befinden sich östlich der Persantemündung. Getrennt von der Eisenbahnlinie mit dem Hauptbahnhof erstreckt sich die weitgehend neue, weil rekonstruierte Altstadt auf historischem Grundriss knapp zwei Kilometer südlich davon. Im Mündungsbereich der Persante liegen die Hafenanlagen, die Salzinsel sowie der moderne Jachthafen.

Bistums-, Hanse- und Garnisonstadt

Die eigentliche städtische Keimzelle Kolbergs liegt ein paar Kilometer südlich des heutigen Zentrums, in **Budzistowo**. Dort siedelten Slawen im 8. und 9. Jahrhundert und bauten eine Burg mit Wallanlage an der Persante. Hier steht das älteste Baudenkmal Hinterpommerns, die kleine gotische **Johanneskirche**.

Mieszko I. aus der Herrscherfamilie der Piasten wurde 966 zum Staatsgründer Polens. Er christianisierte das Land und gliederte kurz danach den Ort mit seinen lukrativen Salzsiedereien in sein Reich ein. Im Jahre 1000 beschließt Kaiser Otto III. zusammen mit Mieszkos Sohn, dem polnischen Fürsten Bolesław I. Chobry, den *Akt von Gnesen*: die Gründung eines Erzbistums mit drei unterstellten Bistümern in Krakau, Breslau und in Kolberg. Schon wenige Jahre später kommt es in Kolberg zu einer heidnischen Revolte, bei der Bischof Reinbern aus seinem „salzigen Bistum" – so der Chronist Thietmar von Merseburg – vertrieben wird. Mit der Vertreibung des frommen Herrn, der mit großer Härte über seine neuchristlichen Untertanen regierte, ging das junge Kolberger Bistum unter. Der Bischofssitz blieb fortan unbesetzt, alte heidnische Bräuche kamen wieder zu Ehren. Spätestens 1124 wird Kolberg dann aber endgültig christlich, als der einflussreiche Bischof Otto von Bamberg bei seiner Missionsreise durch Pommern auch in Kolberg die widerspenstigen Einwohner mit „Nachdruck" bekehrt.

Kolberg gehört zu den ältesten pommerschen Städten. Bereits im 12. Jahrhundert dringen deutsche Siedler nach Kolberg vor. 1255 werden der Ortschaft die Stadtprivilegien nach **Lübischem Recht** verliehen. Wahrscheinlich schon 1284 tritt die Stadt dem **Hansebund** bei. Die erste Urkunde, die Kolberg als Hansestadt verbürgt, stammt aber erst aus dem Jahre 1361. Kolberg bleibt bis 1610 Hansemitglied. In diesen 250 bis 300 Jahren kann die Hafenstadt ihre Handelsbeziehungen enorm erweitern. Geld wird nun auch mit Getreide aus Polen und der Heringsfischerei verdient. Aufgrund seines Reichtums stellt Kolberg fast ein Viertel der gesamten Hansestreitkräfte. Im Laufe des 14. Jahrhunderts entsteht die Stadtbefestigung, von der heute nur noch der Luntenturm erhalten blieb. Im 17. Jahrhundert, in der Nachhansezeit, sorgt der Tuchhandel für ein gutes Auskommen der Kolberger Bürgerschaft und des Pa-

Weiter Strand bei Kolberg mit Buhnen, Sand und Kiefernwald

triziats. Stein gewordene preußische Geschichte sind die alten Festungsanlagen der Garnisonstadt aus dem 18. und 19. Jahrhundert. Im Osten der Strandpromenade etwa Reste der Waldenfelsschanze und beim Amphitheater die Überbleibsel der Wolfsbergschanze. Die Schill-Redoute auf der Salzinsel diente dem Schutz des westlichen Stadtbereichs (▶ Seite 136).

Die Kurstadt

Über das Meerbad bei Colberg und die beste und wohlfeilste Art sich desselben mit Nutzen zu bedienen nannte im Jahre 1804 ein Mann namens Hans Heinrich von Held sein aufklärerisches Büchlein über eine aus England aufkommende Mode, über die man damals hierzulande nur empört den Kopf schüttelte. Der gute Mann war preußischer Beamter und musste in Kolberg eine zweijährige Haft verbüßen. Offenbar gefiel ihm die Stadt, denn nach seiner Haft blieb er hier und verbrachte die Freizeit an der See mit regelmäßigen Bädern, die seiner angegriffenen Gesundheit wohl taten. Jedenfalls verkündete er in seinem Reiseführer selbstsicher: „Hier habe ich 300 Seebäder genommen. Ich habe Lebens- und Weltlust bekommen. Ich bin davon überzeugt, dass ich meine Gesundheit den Ostseewellen verdanke."

Es dauerte nicht mehr lange und schon hüpften ganze Heerscharen in die kühlen Fluten, um sich zu erquicken und den Körper – sanus per aqua – zu kurieren oder prophylaktisch dessen Gesundheit zu konservieren. **Solbadeanstalten** eröffneten ab 1830 und Ärzte entwickelten ganz neuartige Therapien mit der Heilkraft von Meereswasser, Mikroklima, jodhaltiger Luft, Salz, mineralischem Wasser und Moor. Schnell entwickelte sich die Festungsstadt zu einem der beliebtesten und meist besuchten Seebäder Deutschlands.

In der Altstadt von Kolberg

Frisches Obst auf dem Kolberger Bauernmarkt

Repräsentative Gebäude wie das neugotische Rathaus, ein Theater und ein Stadtamt entstanden, 1860 wurde die Saline in ein Solbad umgewandelt. Ein Jahr zuvor hatte man bereits die Bahnverbindungen fremdenverkehrsfreundlich bis nach Danzig, nach Stettin und damit bis nach Berlin erweitert.

Ab 1872 schüttete man den alten Festungsgraben zu und baute Sanatorien und Kurhotels. Die berühmteste Herberge, ebenso elegant wie von stattlicher Erhabenheit, thronte seit 1899 direkt am Strand und wurde daher „Strandschloss" genannt. Der Küstenpalast aus der Blütezeit des Seebads mit Rosengarten und noblen Aufenthaltsräumen erlitt 1945 starke Kriegsschäden, 1968 ließ man ihn schließlich abreißen. An gleicher Stelle entstand 1975 das *Hotel Bałtyk* an der heutigen Seebrücke.

Das erste große polnische Sanatorium der Nachkriegszeit wurde in den 1960er-Jahren gebaut. Es hieß *Kombatant* und diente den polnischen Bergarbeitern als Kurort ihrer geschundenen Lungen und Atemwege. Heute heißt das Hotel *Perła Bałtyku*. In den 1970er-Jahren folgten weitere Bauten riesiger Plattensanatorien im „Kurstreifen" entlang der Ostsee.

Buchtipp: Viva Polonia

von Steffen Möller
(Piper Taschenbuch 2018)
Unterhaltsam-ironische Schilderungen des polnischen Alltags.

Kolberg – die (fast) uneinnehmbare Stadt

Die höchst bedeutsame strategische Lage Kolbergs zentral an der Südküste der Ostsee lockte schon immer die mächtigen Nachbarstaaten an. Sie versuchten im Laufe der Jahrhunderte immer wieder, Kolberg einzunehmen – meist erfolglos. So entstand der Mythos um die Festungsstadt Kolberg.

Zwischen 1653 und 1873 bauen zunächst die Brandenburger und dann die Preußen die pommersche Seemetropole zur **militärischen Festung** aus. Als solche muss sich Kolberg mehrmals im Siebenjährigen Krieg (1756–1763) gegen die Russen bewähren. Zu Beginn des 19. Jahrhunderts belagern napoleonische Truppen die Stadt. Preußischer **Kommandant** ist damals (1806/1807) **August Graf von Gneisenau,** die Bürgerwehr befehligt der **Bürgeradjutant Joachim Nettelbeck,** in jungen Jahren ein Freibeuter und Abenteurer, der afrikanische Sklaven auf nordamerikanische Plantagen transportiert und damit ein Vermögen scheffelt.

Tatsächlich bemühen sich die Franzosen vergeblich, verwüsten aber die Vororte und Teile des Zentrums. Kolberg wird daraufhin schnell zur „uneinnehmbaren" Stadt stilisiert, der Mythos vom „unbesiegbaren Kolberg" ist geboren. Gneisenau und Nettelbeck werden zu nationalen Helden, die noch heute mit ihren Namen Straßen Deutschlands schmücken.

Die Legenden von der aufopferungsvollen Verteidigung Kolbergs passen rund 130 Jahre später dem Nazi-Propagandaminister Goebbels bestens, um den unerschütterlichen Glauben an den nahen „Endsieg" wirksam zu untermauern. So lässt er 1943 den **Ufa-Streifen „Kolberg"** von Veit Harlan drehen, mit Kristina Söderbaum als einfaches Bürgermädchen Maria, Heinrich George als mutiger Nettelbeck und 18 000 Komparsen als „germanisches Bollwerk". „Das Volk steht auf, der Sturm bricht los" ist die Botschaft, gekämpft und gefallen wird bis zum letzten Blutstropfen.

Im Januar 1944 gelingt der Roten Armee im realen Krieg der Einbruch in Kolberg. Ironischerweise wird beinahe zeitgleich in der letzten von den Deutschen besetzten Atlantikfestung in La Rochelle der Durchhalte-Kriegsfilm uraufgeführt – ausgezeichnet mit dem Nazi-Prädikat „Film der Nation". Aber alle Propagandamühen verpuffen nun an der Wirklichkeit. Am 18. März 1945 wird die Festung am Baltischen Meer schließlich nach langer Belagerung durch die 1. Weißrussische Front und die 1. Polnische Armee eingenommen. Unzählige Menschen verlieren ihr Leben, die umkämpfte deutsche Festung liegt danach zu 90 Prozent in Schutt und Asche. Aus der Asche entsteht kurz darauf das polnische **Kołobrzeg.** Die letzten deutschen Einwohner verlassen 1947 die verwüstete Stadt.

Sehenswertes

Vom Bahnhof aus sind es wenige Gehminuten südlich zur neuen Altstadt und der Salzinsel. Westlich liegt der Fischereihafen, im Norden locken Kurpark, Strandpromenade, Seebrücke und das quirlige Ausgehviertel rund um den Leuchtturm.

Die neue Altstadt

Neu gebautes Mittelalter: Beim Wiederaufbau der **Altstadt** orientierte man sich am mittelalterlichen Grundriss der Vorkriegsbebauung. In den 1990er-Jahren begann man, Straßenzüge mit Handwerkerhäusern in der Nähe des Mariendoms hochzuziehen, die an die architektonische Tradition der Stadt erinnern. Geglückt ist die Rekonstruktion vor allem in der leicht geschwungenen **ul. Dubois**, der ehemaligen Schmiedestraße, mit ihren zahlreichen Geschäften. Dort sitzt man auf den Terrassen der Fußgängerzone und blickt auf eines der letzten gotischen Überbleibsel Kolbergs, den **Kolberger Dom.** Das mächtige Gotteshaus aus rotem Backstein steht im Zentrum dieser neuen Altstadt.

Die meisten Kriegsruinen wurden um 1956 abgetragen. Danach, in den 1970er-Jahren, zog man nahe des Persanteufers monotone Wohnblöcke hoch. Die Wunden der Vergangenheit sind noch keineswegs vollständig verheilt. Auch die glanzvolle Bäderarchitektur der Sanatorien ist weitgehend verschwunden. Nur noch vereinzelt stößt man auf **Gründerzeit-** und **Jugendstilgebäude**. Und der historische rote **Backstein-Wasserturm** von 1885 lugt schüchtern zwischen zwei zehnstöckigen **Plattenbauten** hervor.

Kolberger Dom 1 ★

Die gotische Marienbasilika dominiert mit ihrer eindrucksvollen Monumentalität und ihrer Höhe von 74 Metern das alte Zentrum Kolbergs. Vermutlich wurde mit dem Bau der

Die neue Altstadt wurde nach historischem Vorbild erschaffen

Der Kolberger Dom ist ein Prunkstück der Backsteingotik

Pfarrkirche gegen 1300 begonnen, aber erst im späten 15. Jahrhundert war der stattliche Bau vollendet. Das fünfschiffige Sakralgebäude ist mit einem riesigen, einheitlichen Satteldach überspannt. Es erscheint wie eine kolossale Glaubensburg. Im März 1945 stürzte das fast 20 Meter hohe Gewölbe des Hauptschiffes während der Schlacht um die Festung Kolberg ein und die gesamte Kirche brannte aus. Nur die Außenmauern blieben stehen. Der Wiederaufbau des Doms begann 1974, nachdem die Ruine der katholischen Kirche übereignet worden war. Im Jahre 1986 erhob Papst Johannes Paul II. den Kolberger Dom in den Rang einer **Basilika minor**. Das ist ein Ehrentitel für katholische Kirchen mit liturgischen Privilegien.

Äußerlich beeindruckt der rote Backsteinbau vor allem durch sein gewaltiges Turmmassiv mit der Westfassade – ursprünglich hatte St. Marien zwei Türme, die später zusammen gemauert wurden. Drinnen öffnet sich eine unglaubliche Weiträumigkeit. Die Stützpfeiler im Mittelschiff stehen sichtlich stark aus dem Lot, seit sich der Kirchenboden über dem moorigen Untergrund um fast pisaverdächtige 60 Zentimeter senkte.

Zu den interessantesten Ausstattungsstücken des Doms gehört die so genannte **Schlieffenkrone**, ein von der reichen Kaufmannsfamilie Schlieffen gestifteter und kunstvoll geschnitzter hölzerner Leuchter, 1523 geschaffen. Er hängt im Mittelschiff. Das älteste in der Kirche erhaltene Kunstwerk ist der vier Meter hohe siebenarmige **Bronzeleuchter** von 1327. Das bronzene **Taufbecken** mit vier liegenden Löwen stammt aus dem Jahre 1355. Das **Denkmal** vor der Kirche zeigt den deutschen Kaiser Otto III. und den späteren polnischen König Bolesław Chobry.

Dom: Mo–Do 8.45 –16.30, Fr 8.30–14.30, So 14–16.30 Uhr, Aussichtsturm mit Lift: Mo-Do 11–16, Pause 13–14 Uhr, Fr 11–13, Sa 10–16 Uhr

Altstädtisches Rathaus ❷ ★

Nur wenige Schritte östlich vom Dom steht ein weiteres rotes Backsteingebäude: das neugotische Rathaus. Sein zinnenbewehrtes Äußeres mit dem großen **Uhrturm** in der Mitte und fünf kleineren Ecktürmchen erinnert an eine mittelalterliche Burg. Es entstand 1832 nach Plänen des preußischen Architekten Karl Friedrich Schinkel. Das zweistöckige Gebäude im Stil des neugotischen Historismus wird von rekonstruierten Altstadthäusern im Retrostil flankiert und ist von einer kopfsteingepflasterten Fußgängerzone mit schmiedeeisernen Laternen und Terrassencafés umgeben. Es beherbergt im Erdgeschoss das **Touristenbüro** und eine **Galerie für moderne Kunst.** Das spätgotische Kellergewölbe stammt noch vom Vorgängerbau aus dem 15. Jahrhundert, der 1807 während der französischen Belagerung zerstört wurde. Vor dem Rathaus, wo zu deutscher Zeit ein Denkmal des preußischen Königs Friedrich Wilhelm III. stand, liegt eine große, 1,5 Tonnen schwere **Kugel** auf Wasser, die den Erdball symbolisiert. Trotz ihres enormen Gewichts kann sie locker mit einer Hand gedreht werden.

Braunschweigsches Haus ❸

Der vornehme Palast im Empirestil steht nur einen Steinwurf nördlich vom Dom entfernt in der ul. Armii Krajowej. Er beherbergt seit 1977 das **Stadtmuseum,** eine Dependance des Waffenmuseums (▶ Seite 144). Drei Säle zeigen Ausstellungen zur Geschichte der Stadt von der frühen slawischen Besiedlung bis zum heutigen Badeort. Namensgeber und Besitzer war die Familie von Braunschweig, die im 13. Jahrhundert in Kolberg mit dem Salzhandel reich geworden war. Erbauer des Palais war jedoch der begüterte Reeder Chris-

Das Denkmal der Vermählung Polens mit dem Meer steht natürlich am Strand

Das neugotische Rathaus mit seinem originellen Kugel-Brunnen

tian Plüddemann, der es 1820 seiner Tochter Alma als Mitgift schenkte, als sie Heinrich von Braunschweig heiratete. Bemerkenswerte Verzierungen der Räume und die klassizistische Fassade erinnern an die Blütezeit dieser Residenz. Im Obergeschoss befand sich der prächtige Bankettsaal, in dem sich die Seeleute trafen.

Platz des 18. März 4

Oberhalb des Braunschweigschen Hauses liegt in Sichtweite der Platz des 18. März, *Plac 18 Marca*, das Schmuckstück der Kolberger Grünanlagen. Der frühere Kaiserplatz ist ein schönes Plätzchen der Ruhe mit Bänken, Springbrunnen und Blumenbeeten. Der Name des Platzes erinnert an den Tag der Befreiung der Stadt kurz vor dem Ende des Krieges 1945. Hier steht eine bemerkenswerte Rotbuche, gut 200 Jahre alt, 25 Meter hoch und in der Nacht illuminiert.

Gotisches Haus 5

Südlich des Doms, unmittelbar neben der Außen-Ausstellungsfläche des Waffenmuseums in der ul. Emilii Gierczak, steht das einzige erhaltene mittelalterliche Wohngebäude der Stadt. Es wurde im 15. Jahrhundert errichtet und war Wohnsitz der Kolberger **Patrizierfamilie Schlieffen**. Ganze Straßenzüge waren früher in Kolberg von solchen spätgotischen Gebäuden im hanseatischen Backsteinstil geprägt. Im Erdgeschoss befand sich ein Lager- und Verkaufsraum, während die Schlafzimmer, die Küche sowie die gute Stube im ersten Stock untergebracht waren. Im Keller und im Dachgeschoss lagerte man Lebensmittel. Knapp unter dem Dach war ein Flaschenzug-Hebemechanismus, mit dem man Waren nach oben transportieren konnte. Das restaurierte Haus dient als **Museum für Wechselausstellungen**.

Maritimes Flair verströmt die Marina von Kolberg

Salzinsel 6

Die Kolberger Salzinsel, *Wyspa Solna*, ist etwa eineinhalb Kilometer lang. Sie ist von zwei Gewässern, der Persante und dem Holzkanal, eingeschlossen und liegt westlich neben der Altstadt. Man erreicht sie von der Altstadt über die Persantebrücke *Solina*. Gleich neben der Brücke befindet sich auch die öffentlich zugängliche **Salzquelle.** Bei etwa 0,5 Prozent liegt der Salzgehalt – zum Trinken kaum geeignet, dafür aber zum Einlegen der Kolberger Salzgurken. Gegenüber der Salzinsel steht die **Salinen-Redoute,** *Reduta Solna*. Sie diente in der ersten Hälfte des 19. Jahrhunderts als Wasserfestung und war Bestandteil der Festung Kolberg. Noch älter ist die **Morast-Redoute** auf dem nördlichen Zipfel der Salzinsel. Sie wurde am **Jachthafen** zwischen 1770 und 1774 errichtet und war ins Verteidigungssystem des Hafens integriert. Sie ist zu besichtigen und besitzt einen sehr netten Biergarten.

Kur- und Hafenviertel

Das Kurviertel und der Hafen der Altstadt prägen das maritime Bild Kolbergs. Nahe der Persantemündung in die Ostsee besitzt die Stadt einen geschützten Naturhafen, der im 19. Jahrhundert stark ausgebaut wurde. Die große Hafenanlage besteht aus dem Fischerei- und dem Handelshafen, dem Jachthafen auf der Salzinsel und einer kleinen Anlegestelle nahe dem Leuchtturm für die touristischen Piratenkoggen. Mehr als einen halben Kilometer ragt die östliche und begehbare der beiden **Hafenmolen** ins Baltische Meer, um den Mündungsbereich vor der Versandung zu schützen. Richtung Osten erstreckt sich über mehrere Kilometer der feinkörnige **Strand** mit zahlreichen Buhnen, mit denen der Kolberger Strand in den letzten Jahren gesichert und dadurch wieder erheblich verbreitert wurde. Gleich dahinter liegt das **Kurviertel** mit der weitläufigen Anlage des **Żeromski-Kurparks.**

Buchtipp: Gebrauchsanweisung für Polen
von Radek Knapp
(Piper Taschenbuch 2017)
Unterhaltsame und informative Pflichtlektüre für „Polenanfänger" und „Fortgeschrittene".

Leuchtturm 7 ★

Das neben dem Dom und dem Alten Rathaus bekannteste Wahrzeichen Kolbergs ist der Leuchtturm. Der dicke Backsteinturm erhebt sich 26 Meter in die Höhe und thront zwischen Hafeneinfahrt und Strand auf den Grundmauern einer Verteidigungsanlage. Der Rundturm wurde – man glaubt es vielleicht kaum – erst nach dem letzten Krieg errichtet. Deutsche Pioniere hatten den Vorgänger im März 1945 vollständig gesprengt. Sowjetische Soldaten bauten ihn schon 1948 aufgrund seiner wichtigen Funktion wieder auf. Von der **Aussichtsplattform** blickt man weit über den Hafen, die Mole und den Strand. Ein kleines **Mineralien- und Fossilienmuseum** mit der schwersten Muschel Polens ist im Keller eingerichtet. Südlich des Leuchtturms ist ein Viertel mit vielen Geschäften, Bars und Apartments entstanden.

Leuchtturm: tgl. 10–17 Uhr, Juli/August bis Sonnenuntergang

Strandobelisk und Seebrücke 8

Seit 1963 erinnert am Strand das bombastische nationale **Denkmal der Vermählung Polens mit dem Meer** an die Einnahme der Stadt durch sowjetische und polnische Truppen am 18. März 1945. Recht salbungsvoll verkündet es: „Wir schwören, Dich nie zu verlassen, denn Du das Meer bist seit Jahrhunderten und auf ewig polnisch." Der historische Zusammenhang ist der für Polen schon immer wichtige Ostseezugang.

Eine Schönheit ist sie nicht gerade, die restaurierte Kolberger **Seebrücke,** Molo. Die 1973 erbaute Stahlbetonkonstruktion ragt aber immerhin 220 Meter in die See hinein. Am Abend wird sie hellblau beleuchtet, dann sieht sie fast romantisch aus. Wer die nach dem molo von Sopot zweitlängste Seebrücke Polens betreten will, muss Eintritt bezahlen. Auch Kurkartenbesitzer. Entspannt sitzt man auf der Sonnenterrasse des Trio Molo Cafés am Brückenkopf, ganz nah an den Ostseewellen und mit Blick auf die Promenade.

Der Leuchtturm wurde 1948 errichtet

Die Kolberger Sole
Auf Salz gebaut

Mit der Sole beginnt die Geschichte Kolbergs, die Stadt ist gewissermaßen auf Salz gebaut. Wie eine steinerne Reminiszens an die Hochzeit des „Goldes an der Persante" sprudelt heute eine öffentliche Salzquelle auf der Salzinsel, die polnisch Wyspa Solne heißt.

„Kol" oder „Chol" war die wendisch-pomoranische Bezeichnung für Salz. Slawische Pomoranen siedelten im 7./8. Jahrhundert auf dem nördlichen Teil der Kolberger Salzinsel. Aus der kleinen, frühmittelalterlichen Siedlung auf der Salzinsel nahe der Persantemündung erwuchs bald der in großen Teilen Europas bekannte Ort Salsa Cholbergiensis („Salz-Kolberg").

Die reichen Salzvorkommen und der florierende Handel damit waren annähernd 1 000 Jahre lang die Garantie für den Reichtum und den kirchlichen sowie politischen Einfluss der Stadt. Kolberg war ein europäisches Zentrum des Salzhandels. Die Stadt lag im Mittelalter an der wirtschaftlich bedeutenden Hansestraße, die von Hamburg bis Danzig an der Ostsee entlang führte und war Ausgangspunkt der Salzstraße, auf der das „weiße Gold" über Posen, Breslau und Ungarn bis ans Schwarze Meer transportiert wurde.

Bis heute sind im Stadtwappen Kolbergs eine Salzsiedepfanne und Pfannhaken zu sehen. Die beiden Utensilien verweisen darauf, wie man im Mittelalter in der Hafenstadt Salz gewann: In den Bleipfannen wurde Sole in den Sudhäusern zum Sieden gebracht. Dadurch verdampfte das Wasser aus der Sole, bis eine bestimmte Sättigungskonzentration erreicht war.

Eine akute Salzkrise für Kolberg begann sich bereits im 17. Jahrhundert abzuzeichnen. Die Ostseestadt hatte starke Konkurrenz durch das mitteldeutsche Lüneburg bekommen. Aber vor allem in England konnte man das wertvolle Gut jetzt weit billiger industriell produzieren. Die Kolberger Solewirtschaft wurde zunächst gedrosselt, 1858 musste der längst unrentabel gewordene Salinenbetrieb endgültig eingestellt werden. Die 2,3 bis 5,1 prozentige Kolberger Sole lieferte inzwischen viel zu teures Salz.

Doch schon einige Jahrzehnte zuvor, im Jahre 1830, hatte der findige Kolberger Maurermeister Gottlieb Keutel die erste Solebadeanstalt in der Stadt eröffnet – der Beginn des schnell aufblühenden Kurbades. Fortan nutzte man die Sole für Heilbehandlungen der bald zahlreichen Kurgäste. Denn die eisenhaltige und radioaktive Solquelle wurde als medizinisch äußerst wirksam erkannt. Heute ist Kolobrzeg der größte und beliebteste Kurort Polens, dank der Sole, aber auch dank der reichen Moorvorkommen und der jodhaltigen Meeresluft.

Wanderwege durch Kołobrzeg

Erst in den letzten Jahren hat man einige ausgeschilderte Wanderwege zu den touristischen Highlights der Stadt angelegt. Auch Radwege wurden mittlerweile gut sichtbar auf dunkelrotem Belag ausgebaut. Sie verbinden bereits die meisten städtischen Sehenswürdigkeiten.

Die Festungsroute – der Weg durch die Geschichte Kolbergs

Viele Kolberger Sehenswürdigkeiten liegen an dieser zwölf Kilometer langen Wander- und Fahrradroute, markiert mit dem Symbol einer Festungs-Redoute. Die Route beginnt am **Alten Rathaus**, führt am östlichen Rande der Stadt zum **Meer**, dort in Strandpromenadennähe bis zum **Leuchtturm** und an der **Salzinsel** vorbei zurück zum **alten Zentrum**. Sie endet am **Waffenmuseum**.

Unterwegs passiert man Überreste der früheren militärischen Befestigungen. Im Zentrum nahe des Alten Rathauses steht am Rande der ul. Dubois ziemlich verwaist der **Luntenturm**, *Baszta Prochowa*. Er wird oft auch **Pulverturm** genannt. Die vierstöckige Bastei aus rotem Backstein, hohen Blendbögen und Schießscharten stammt noch aus dem 14. Jahrhundert, als die gotische, 1600 Meter lange Wehranlage den gesamten Stadtkern umschloss. Seinen Namen bekam der Wehrturm wegen der Lunten- und Schießpulvervorräten, die man dort lagerte. Hinter dem Kaufhaus *Bryza*, in der ul. Wąska zwischen Dom und Braunschweigschem Haus, steht ein auffälliges weißes Gebäude, die ehemalige **Ritterakademie**. Der heutige Veranstaltungssaal diente ab 1655 als preußisch-brandenburgische Militärschule, 1703 wurde sie in eine Kadettenschule umgewandelt. Über die Jahrhunderte hat sich das Haus kaum verändert.

Eine der ehemaligen Festungsschanzen aus dem frühen 19. Jahrhundert ist die **Wolfsbergschanze** am östlichen Rand der Stadt. Sie wurde 1807 im Zusammenhang mit der Belagerung durch napoleonische Truppen errichtet. Im Jahre 1925 baute man sie schließlich zu einem **Amphitheater** um. Hier findet beispielsweise seit 2003 das sommerliche Mega-Event des Sunrise-Festivals statt.

Nur einen Katzensprung entfernt liegt direkt am Meer eine weitere ehemalige militärische Küstenabsicherung, die **Waldenfelsschanze,** polnisch *Kamienny Szaniec*. Sie wurde zwischen 1832 und 1836 mit einem Erdwall aus Kasematten erbaut. Heute befindet sich hier ein großes Bistro-Restaurant mit Sommerterrasse.

Die Salzroute

Die historische Route führt von Kolberg bis ins pommersche **Czaplinek** (Tempelburg). Die Kolberger Teilstrecke ist vier Kilometer lang und rot markiert. Ausgangspunkt ist der **Luntenturm**, Endpunkt die **Siedlung Budzistowo** drei Kilometer südlich von Kolberg. Dorthin führt ein Fahrradweg zunächst parallel zur Woiwodschaftsstraße 163 Richtung **Białogard.** Er zweigt nach zwei Kilometern rechts nach **Budzistowo** ab. An der Stadtgrenze Kolbergs verbindet sich die Salzroute mit der grün markierten **Jan Frankowski Route**, die 6,3 Kilometer vom Leuchtturm aus ebenfalls nach Budzistowo führt.

Budzistowo, bis 1945 Altstadt genannt, ist die städtische Wiege Kolbergs. Hier entstand in vordeutscher Zeit, im 8./9. Jahrhundert, eine slawische Burganlage, die Vorläufersiedlung Kolbergs. Aus der Zeit

Die Persante

Die Persante (*Parsęta*) ist nach der Rega der zweitgrößte Fluss in der Wojewodschaft Westpommern. Sie entspringt nahe Szczecinek in einer Höhe von 137 Metern, danach mäandert das Wasser 137 Kilometer, bis es bei Kolberg in die Ostsee mündet. Besonders im Oberlauf ähnelt die Persante wegen des starken Gefälles einem Gebirgsbach, ansonsten hat sie Tieflandcharakter und fließt durch Wiesen und Torfmoore. Der höchst saubere Fluss ist bei Paddlern beliebt, gilt aber vor allem als Anglerparadies. Heimisch sind insgesamt 21 Fischarten, darunter Hechte und Äschen. Bei den Petrijüngern besonders geschätzt sind aber Lachse und Meerforellen. In ganz Polen gibt es keine besseren Fanggründe für diese Edelfische.

der Christianisierung und der deutschen Ostkolonisation stammt die kleine gotische Dorfkirche, ihr Bau war 1222 beendet. Das hübsche Gotteshaus aus rotem Backstein ist Johannes dem Täufer gewidmet und der Endpunkt der Salztour. Es zeigt zum Teil noch romanische Formen, etwa an den beiden ursprünglichen Seiteneingängen. St. Johannes ist das älteste Baudenkmal Hinterpommerns. Gegenüber befindet sich ein großes Pferdegestüt mit Reithalle.

Strand

In Kolberg erwartet die Badeurlauber ein etwa 30 bis 50 Meter breiter Sandstrand mit vielen Buhnen. Er erstreckt sich rund 10 Kilometer östlich bis nach Ustronie Morskie (Henkenhagen). Auch westlich der Persantemündung zieht sich kilometerweit herrlicher, fast weißer Sand bis zum Seebad Dźwirzyno (Kolberger Deep) (▶ Seite 119). Es wird eine hervorragende Wasserqualität amtlich attestiert.

Praktische Tipps

Hinkommen

Auto: Die Woiwodschaftsstraße 102 verbindet die Ortschaften an der Küste westlich von Kolberg. Östlich der Stadt verläuft die Nationalstraße 11 bis Koszalin (Köslin) und stößt dort auf die große Nationalstraße 6/E 28, die von Stettin nach Danzig führt.
Bahn: Direktverbindungen u. a. nach Stettin, Posen und Krakau. Nach Misdroy und Swinemünde mit Umsteigen in Goleniów.
Bus: Fernbusse ab Berlin mehrmals täglich (Fahrzeit 4 bis 5 Stunden).

Linienbusse u. a. nach Ustronie Morskie (Henkenhagen), Dźwirzyno (Kolberger Deep) und Koszalin.

Gut zu wissen

Touristeninformation
Stadtpläne, Reiseführer, Eventinfos.
Plac Ratuszowy 2 | Tel. (94) 3 54 72 20 |
www.kolobrzeg.turystyka.pl

Info-Pavillon am Bahnhof
Citypläne, Reiseführer, Eventinfos.
ul. Dworcowa 1 | Tel. (94) 3 52 79 39

Gästeinformation Travel Netto
Info-Broschüren, Stadtpläne, Land- und Radwanderkarten, deutsche Reiseführer sowie die jodhaltige Kolberger Sole in der Literflasche.
Al. Świętego Jana Pawła 32 |
Tel. (94) 3 52 20 03 | www.travelnetto.de

Gut gebettet

Stadtzentrum

Maxymilian Unique Hotel 1
Das elegante und hübsch im Bäderstil renovierte Kurhotel von 1906 liegt in einer ruhigen Seitenstraße zur Promenade. Kurze Wege führen auch zum Zentrum und zur Altstadt. Die Zimmer sind geschmackvoll eingerichtet und großzügig geschnitten. Zum Wellnessbereich gehören unter anderem Schwimmbad, Whirlpool und Sauna. Das Frühstücksbuffet ist abwechslungsreich. Gutes Preis-Leistungs-Verhältnis. Parkplatz hinter dem Haus.
ul. Borzymowskiego 3–4 |
Tel. (94) 3 54 00 12 |
www.hotel-maxymilian.pl | €€

Kurviertel

Jantar Hotel & Spa 2
Die Villa von 1905 im Stil der Bäderarchitektur ist ein stilvolles, ruhiges Hotel, etwa 150 Meter vom Strand entfernt. Das modernisierte Haus besitzt einen wunderbar nostalgischen Charme. Jedes der 64 Zimmer verfügt über WLAN, SAT-TV mit deutschen Fernsehprogrammen, Kühlschrank und Wasserkocher. Der Wellness-Bereich bietet vielseitige Angebote: Hallenbad, Sauna, Jacuzzi, auch Kuranwendungen. Café-Bar mit Wintergarten, Leseecke. Bewachter Parkplatz.
ul. Rafińskiego 12 | Tel. (94) 3 52 22 59 |
www.jantarspa.pl | €€

Cicha Przystań Apartamenty Port 3
Die sauberen, funktional eingerichteten Ferienwohnungen liegen sehr zentral in der Nähe des Leuchtturms, rund 300 Meter sind es zum Strand. Alle Unterkünfte für zwei bis sechs Personen verfügen über Bad, eine voll ausgestattete Küchenzeile, kostenloses WLAN, Flachbild-TV, einige auch über einen Balkon. Bestens geeignet für Familien mit Kindern. Nette, hilfsbereite Besitzer.
ul. Cicha 9 | Tel. (0048) 6 94 5 05 0 54 |
www.booking.com | €–€€

Im früheren Henkerhäuschen, dem Domek Kata, ist heute ein edles Restaurant

Camping Baltic Nr. 78 4

Im Osten Kolbergs, nahe Amphitheater. Ca. 20 Minuten Gehzeit zum Zentrum, 600 Meter zum Strand durch den Kurpark. Großer gepflegter Platz mit reicher Infrastruktur.

Ul. IV Dywizji WP 1 | Tel. (00 48) 6 06 41 19 54 | www.camping.kolobrzeg.pl

Von Suppe bis Torte

Gute Fischrestaurants finden sich vor allem in Hafennähe und an der Promenade. Gaststätten mit polnischer Küche gibt es in der Altstadt.

Stadtzentrum

Restauracja Zakątek 1

Das Restaurant liegt etwas versteckt nahe des Kolberger Doms, die dazugehörige Sommerterrasse rund 80 m entfernt auf dem Rathausplatz. Ein kleines Lokal für nachhaltiges Essvergnügen. Die Küche ist polnisch und europäisch, die Gerichte frisch zubereitet mit regionalen und saisonalen Lebensmitteln. Zu empfehlen unter anderem: die formidable Tomatensuppe, die gegrillte Hähnchenbrust mit Brokkoli, Champignons mit Käse überbacken und das Rindersteak mit Garnelen. Durchaus ein kulinarisches Kleinod im Kurbad mit großzügigen Portionen und sehr moderaten Preisen.

ul. Gabriela Narutowicza 3/9 | Tel. 6 65 00 24 33 | Tgl. 13–22 Uhr | €€–€€€

Fischbraterei Ale Ryba 2

Nahe Leuchtturm. Große Auswahl gebratener Fische, frisch und hohe Qualität. Leckerbissen wie Zander in Steinpilzsoße, Fischsuppe mit Dorschknödeln.

Ul. Cicha 7b

via Tipp **Domek Kata** 3

Das dreistöckige, vielleicht beste und

sicherlich eleganteste Restaurant des Seebads liegt nur wenige Schritte hinter Schinkels Altem Rathaus. Hier werden feine Fleisch-, Fisch- und Wildgerichte der gehobenen polnischen Kochkunst serviert. Es gibt auch mehrere sehr leckere Salatteller. Im Erdgeschoss befindet sich ein Café im Bistrostil, in der ersten Etage ein großer Speisesaal mit herrschaftlichem Ambiente in dunklem Holz, Stilmöbeln, Kristalllüstern, darüber liegt die Empore mit einigen Tischen und ein besonderer, rustikaler Raum für Festlichkeiten. Das Henkerhäuschen war ursprünglich das Gerichtsgebäude der Hafenstadt, das im Volksmund aus naheliegenden Gründen so genannt wurde. Vom ehemaligen Haus aus dem späten 17. Jahrhundert blieben allerdings nur die Fundamente. Das heutige Gebäude ist eine authentische Rekonstruktion, 2004 wurde das Restaurant eröffnet. Reservierung sehr ratsam.

ul. Ratuszowa 1 | Tel. (94) 3 54 66 35 | www.winogrona.pl | Tgl. 11–23 Uhr | €€

Kur- und Hafenviertel

Siedem Światów (Sieben Welten) 4

Das zweistöckige Restaurant befindet sich in einem schönen, frei stehenden Fachwerkgebäude am Bahnübergang zwischen dem Zen-

Ein ideales Plätzchen für Sonnenhungrige: die Terrasse der Seebrücke

trum und dem Kurviertel. Originell: Es gibt sieben Bereiche (Welten) mit jeweils unterschiedlichem Einrichtungsstil. Den Gast erwartet in diesem urigen „Hexenhäuschen" ein großes Angebot an Wild- und Fischgerichten sowie mannigfache Salatteller, außerdem zahlreiche Frutti-di-Mare-Gerichte und sieben Variationen gefüllter Teigtaschen (Piroggen), darunter Füllungen mit Lachsfilet, Garnelen oder mit Pilzen und Kohl. Alles ist frisch zubereitet. Das Lokal ist für Vegetarier geeignet. Der Außenbereich ist windgeschützt.
ul. Solna 1a | Tel. (94) 3 54 56 28 | www.7swiatow.com.pl | Tgl. 11–22 Uhr | €€

Kawiarnia Widokówka (Café Ansichtskarte) 5

Kolbergs höchste Dachterrasse: Das Panoramacafé im 12. Stock des Kurhotels *Perla Baltyku* an der Promenade bietet eine traumhafte Weitsicht über Meer, Küstenwald und die Stadt. Umfangreiches Eis- und Kuchenangebot. Abends besteht Barbetrieb. Es gibt auch Tanzabende.
ul. Sikorskiego 3 | Tgl. 10–22 Uhr

Brauerei Colberg 6

Sitz der Brauerei mit Ausschank des süffigen regionalen Colberg-Bieres ist der historische Wasserturm. Rustikales Restaurant mit Biergarten.
Ul. Budowlana 6 | Tel. (0048) 695 180 108 | www.colberg.com.pl

Colbergcoffee 7

Kaffeerösterei mit kleinem Café im Herzen der Altstadt, nahe Luntenturm. Außenterrasse. Auch hochwertige Tees, hausgemachte Kuchen, handgefertigte regionale Keramik.
Ul. Dubois 21a | www.colbergcoffee.pl | Tel. (00 48) 7 36 98 04 00

Kaufen & stöbern

via Tipp Bauernmarkt

Südlich der Altstadt: Das bunte Treiben findet auf dem großen Marktplatz an der ul. Trzebiatowska neben dem Kanal Drzewny und dem Kaufland statt, Di und Fr 7–12 Uhr.

Galeria Żak

Ein Dorado für Liebhaber antiquarischer Kunst des 19. und 20. Jahrhunderts: Gemälde, Möbel, Porzellane, Lampen, Uhren.
ul. Armii Krajowej 20 | www.galeriazak.pl | Mo–Sa 10–18 Uhr

Einkaufszentrum Hosso

Nahe Altstädtischem Rathaus. Einziges Einkaufszentrum der Stadt mit Mode- und Sportboutiquen, Schuh- und Spielzeuggeschäften, Drogerie, Konditorei, Eisdiele und Restaurant.
Armii Krajowej 10 | Tel. (94) 3 55 47 66 | www.galeriahosso.pl | Mo–Sa 9–21, verkaufsoffener So 10–20 Uhr

Organic na Mariacka (Kolberg)

Großes, vielfältiges Angebot an ökologischen Produkten und Feinkost
Ul. Mariacka 26a | Tel. (00 48) 7 93 97 42 81 | www.organic-na-mariackiej.business.site | Mo–Fr 9–18, Sa 9–14 Uhr

FiszMasz Pretwory Rybne Artur Klockowski (Kolberg)

Regionale Lebensmittel und Spezialitäten, darunter auch die von der EU zertifizierten Traditionsprodukte Kolberger Gurken und Hering nach Kolberger Art (Rezept Seite 17.)
Ul. Katedralna 38 | Tel. (00 48) 5 33 99 99 82 | Mo–Fr 9–17, Sa 9–14 Uhr

Museen & Galereien

Galerie für zeitgenössische polnische Kunst
Wechselnde Ausstellungen, vor allem Malerei.
ul. Armii Krajowej (im Alten Rathaus) | Di–So 10–18, im Winter bis 17 Uhr

Polnisches Waffenmuseum (Muzeum Oręża Polskiego)
Exponate aus den letzten 1 000 Jahren, von frühzeitlichen Pfeilspitzen über Husarenrüstungen, Hieb- und Stichwaffen, Säbeln und Schwertern bis hin zu modernen Feuerwaffen.
ul. E. Gierczak 5 | Tel. (94) 3 52 52 53 | www.muzeum.kolobrzeg.pl | Mai–Sep. tgl. 10–18 Uhr, sonst Mo geschlossen

Stadtmuseum (Muzeum Historii Miasta)
Im Braunschweigschen Haus, große Sammlung meteorologischer Messgeräte sowie Gegenstände aus der regionalen Volkskunst.
ul. Armii Krajowej 13 | Öffnungszeiten wie Waffenmuseum

Aktiv & sportlich

Fahrradverleih
Kolberg-Stadträder kann man an 12 Stationen ausleihen.
ul. Sikorskiego 8 (östlicher Teil der Stadtpromenade) | Tel. 6 09 55 55 01 | Apr.–Okt. www.kolobrzeskirower.pl

Kajakverleih
Paddeln im Stadtgebiet und stromaufwärts. Verleihstation in der alten Schmiede: Café, Imbiss, Uferterrasse.
ul. Szpitalna | www.kajaki.kolobrzeg.pl

Hafen
Die Kolberger Hafenanlagen liegen an der Mündung der Parseta. Auf der Ostseite des Flusses befinden sich der Passagier- und Handelshafen, auf der Westseite der Fischer-, Jacht- und Militärhafen.

Schwimmhalle Morska Odyseja
Am Hotel *Bałtyk* nahe Seebrücke. 25-Meter-Bahnen und großes Solebecken. Kurbehandlungen möglich.
ul. Rodziewiczówny 1 | www.subaltyk.pl | Tel. (94) 3 55 34 13 | Tgl. 9–21 Uhr

Fischermuseum 6D (Muzeum 6D)
Die Besucher werden mit einer 3D-Brille interaktiv mit der Lebenswelt der Fischer vor 100 Jahren vertraut gemacht. Alltagsgeschichten, auch auf Deutsch. Kinderfreundlich.
Ul. Marii Rodziewiczówny 15 | Tel. (94) 716 22 44 | www.muzeum6d.pl

Aquapark Milenium
Riesenangebot rund ums Wasser, u. a. 84 Meter lange Wasserrutsche.
ul. Łopuskiego 36/38 | Tel. (94) 3 55 14 00 | www.sport.kolobrzeg.pl | Tgl. 6.30–22 Uhr

Oceanarium
Bunte Vielfalt an Meeresbewohnern.
Al. Armii Polskiego 6c | www.oceanariumkolobrzeg.pl | Tgl. 9–18 Uhr

Stadtrundfahrten
Vier Routen von 60–120 Minuten. Ausgangspunkt: Passagierhafen.
www.summercar.pl

Schiffsausflüge
Mit Wikinger- und Piratenschiffen vom Kai am Leuchtturm aus. Im Sommer mehrmals tgl., Dauer 30–45 Minuten. Karten vor Ort. Außerdem: Tagesfahrten nach Bornholm mit dem Katamaran Jantar.

Vergnügliches Abenteuer für kleine und größere Klettermaxe

Westernstadt und Mini-Zoo

Dziki Zachód heißt das beliebte Ausflugsziel von Familien mit Kindern in Zieleniewo 2 km südlich von Kolberg. Es gibt u. a. Western-Shows und Reitveranstaltungen.

In Zieleniewo | ul. Wycieczkowa | Tel. (94) 3 52 75 82 | www.dzikizachod.com.pl

Kletterpark

Der Hochseilgarten bietet drei Kletterstrecken mit unterschiedlichen Schwierigkeitsgraden und für verschiedene Altersstufen.

ul. Solna 1 | Tel. 5 09 14 38 08 | www.parklinowy.kolobrzeg.pl | Mai/Juni tgl., Sommerferien 10–19 Uhr, Sep. nur an den Wochenenden

Verborgenes Land (Ukryta Kraina)

100 m vom Leuchtturm entfernt. Hier können Kinder ab fünf Jahren auf über 400 m² mit einem Zauberstab interaktiv Märchenfiguren zum Leben erwecken. Ein Riesenvergnügen und sehr originell.

ul. Obroncow Westerplatte 18e | Tel. 7 92 55 52 15 | www.ukrytakraina.pl | Tgl. 8–18 Uhr

Außerhalb

Fischerhafen in Ustronie Morskie (Henkenhagen)

Am schmalen Geh- und Radweg der Promenade. Daneben Sandstrand mit dem Molo Busola: kleine Seebrücke mit Restaurant und Bar. (▶Tour Seite 150)

Hortulus-Gärten

In Dobrzyca, ca. 20 km östlich von Kolberg. Da gibt es viel Natur zu bestaunen: fernöstliches Flair im Japanischen Garten, warme Farbenpracht im mediterranen Garten, Sinnesgärten, Gaudi-Garten, Waldgarten, Kräutergarten sowie Europas größtes begehbares Buchsbaumlabyrinth. Ein besonderer Tipp für Familien.

Dobrzyca 76 | www.hortulus.com.pl

Tour 6: Rundtour von Kołobrzeg nach Dźwirzyno und ins Umland

Dünen, Sandstrand, Meer, ein quirliges Seebad mit Fischerhafen und stille, pommersche Dörfer mit historischen Details – die Rundtour bietet viel Abwechslung.

Karte: ▶ Seite 149

Charakteristik: Leichte Radtour, asphaltierter Radweg und Waldweg am Meer, Tourstrecke „Zur Sonne" auf wenig befahrener Landstraße

Strecke: Marina Kolberg – Grzybowo – Dźwirzyno (Kolberger Deep) – Karcino – Sarbia – Nowogardek – Nowy Borek – Grzybowo – Kolberg

Entfernung: ca. 40 km

Dauer: rund 3–4 Stunden Fahrzeit insgesamt

Einkehrtipp: Fischbratereien am Hafenkai von Dźwirzyno

Es empfiehlt sich, die Fahrt als Ganztagestour zu planen, schon weil es unterwegs viele schöne Plätze zum Rasten gibt. Auch Badekleidung sollte im Rucksack Platz finden. Schließlich ist man die ersten zwölf Kilometer stets in Strandnähe unterwegs. Ausgangs- und Endpunkt der Tour ist die moderne Kolberger Marina auf der Salzinsel. Hier nehmen wir den Radweg an der breiten ul. Solna und biegen hinter der Brücke in die ul. Baltycka rechts ein. Wir bleiben auf dieser Straße, die bald zur ul. Wiosenna wird, bis zur großen Parkanlage an der Küste. Hier, am westlichen Strandzugang der Stadt, befindet sich das **Deutsche Lapidarium.** Bis 1945 lag an der ehemaligen Maikuhle der 1881 eröffnete Kolberger Zentralfriedhof. Zur Erinnerung an die deutschen Bewohner und ihre Friedhöfe entstand im Jahre 2000 das Lapidarium mit einigen alten Grabsteinen. Die alte deutsche Anlage wurde direkt nach dem Krieg geschleift.

Die ul. Arciszewskiego führt von dort als grün markierter R10 und rot markierter E-9 nach Westen. Der Radweg verläuft an den Dünen entlang und durch den Küstenwald zunächst bis zum vier Kilometer entfernten **Grzybowo.** Der überaus grüne Vorort von Kolberg wurde 1882 als **Gribow** gegründet. Er besitzt einen 700 Meter langen, feinsandigen und bis zu 40 Meter breiten Sandstrand mit Strandkörben. Hier bleibt es auch im Hochsommer meist eher ruhig. Der Strand mit behindertengerechtem Zugang und Aussichtsplattform wird daher auch von vielen Kolbergern als Alternative zum eher lauten und vollen Strand an der städtischen Promenade genutzt. Hier gibt es in Strandnähe einige nette Einkehrmöglichkeiten, Lebensmittelläden und Pensionen.

Nach weiteren sechs Kilometern Küstenradweg erreichen wir das kleine Seebad **Dźwirzyno,** das frühere Kolberger Deep (▶ Seite 119). Das einstige Fischer- und Bauerndorf ist an drei Seiten von Wasser umgeben – vom Baltischen Meer, vom Jez. Resko Przymorskie (Kamper See) und vom östlichen der beiden Mündungsarme der Rega. Am Mündungskai gibt es frischen Fisch an den bunten Kuttern und sommers auch gebraten und geräuchert in den Fischbuden. Gratis ist das original maritime Ambiente.

Wir passieren den Campingplatz *Biała Mewa*. Kurz danach, am Hotel *Neptuno*, biegen wir links ab. Nach rund 150 Metern weist ein Schild mit Sonnensymbol nach links (Karcino 4,5 km). Hier beginnt die knapp 20 Kilometer lange „**Route zur Sonne**", polnisch *Ku Słoncu*. Sie ist mit Info-Tafeln ausgeschildert und wird auch „Storchenroute" genannt. Man darf hier keine Sensationen erwarten, es ist die reizende Beschaulichkeit der Landschaft, die die Tour zum Vergnügen macht. Die Gegend ist fast durchweg tischplatt und von der Landwirtschaft gestaltet. Weite Felder dominieren, dazwischen liegen große Wiesenflächen, Weiden, Torfmoore, kleinere Wälder. Auf den herrlichen feuchten Wiesen wachsen unter anderem das Honiggras, das Wiesenknäuelgras, Kuckucks-Lichtnelken, die Kohldistel und der Löwenzahn, der im Frühjahr die Straßen- und Wegesränder zwischen den Dörfern reizend gelb sprenkelt.

Es ist auch eine Fahrt in die deutsche Vorkriegs-Vergangenheit der pommerschen Dörfer, die wir unter-

Spaziergang entlang der Regamündung in Dźwirzyno

wegs passieren. Vielerorts sind die kleinen Ortschaften noch vom roten Klinkerstein der alten Stallungen, Bauernhöfe, Mauern und Kirchen geprägt. So auch **Karcino,** der erste Ort auf der Route. Er hieß zu deutscher Zeit **Langenhagen** und wurde im 13. Jh. von deutschen Siedlern im Zuge der Ostkolonisation gegründet. Langenhagen gehörte damals zum Herzogtum Pommern, nach dem Dreißigjährigen Krieg kam die Siedlung zur Mark Brandenburg und schließlich zu Preußen. Die große **Dorfkirche** wurde im Jahre 1869 im neugotischen Stil errichtet. Beeindruckende Winterlinden und Stieleichen, allesamt Naturdenkmäler, umgeben das Gotteshaus. Das lang gestreckte Dorf am südöstlichen Ufer des 600 Hektar großen Resko-Sees (kein Badesee!) zählt heute rund 400 Einwohner. Die alten Gehöfte sind typische Vierseithöfe, einst die gängige Hofform für das ländliche Hinterpommern: Die Höfe sind von allen vier Seiten umschlossen – vom bäuerlichen Wohnhaus, von den Stallungen, von der Scheune und vom Korn- oder Getreidespeicher. Im preußischen Pommern waren die roten Ziegelbauten zudem meist mit klassizistischen Stuckverzierungen versehen. Die allermeisten deutschen Bewohner dieser Gegend mussten nach dem Zweiten Weltkrieg flüchten und wurden westlich der Oder umgesiedelt. Ihre Höfe übernahmen ab 1946 sogenannte „Bug-Polen". Sie hatten zuvor östlich der Curzon-Linie gelebt. Sie wurden nach dem Krieg von den Sowjets vertrieben, wenn sie sich weigerten, die russische Staatsangehörigkeit anzunehmen. In diesen ehemaligen polnischen Grenzmarken lebten zuvor Christen, Juden und Moslems (Tataren) problemlos zusammen. Rund 2,1 Millionen dieser polnischen „Aussiedler" kamen nach dem Krieg aus diesem einzigartigen mitteleuropäischen Schmelztiegel in die neuen polnischen Westgebiete, wo sie die bislang eingesessene deutsche Bevölkerung „ersetzten" – Tausende von ihnen kamen auch hierher nach Hinterpommern.

Etwa fünf Kilometer entfernt liegt **Sarbia**, das frühere Zarben. Es wurde bereits im 13. Jahrhundert erstmals in einem Dokument erwähnt. In diesem Angerdorf gibt es noch mehrere Fachwerkhäuser und die Höfe sind streng rechteckig nach preußischer Vorschrift angeordnet. Haupteinnahmequelle des Dorfes war stets und ist bis heute die Landwirtschaft. Erhalten blieben die gotische Pfarrkirche und die Wassermühle von 1895 am Fluss Dębosznica, dem Kreiher Bach. Die **Mühle** mit dem roten Mühlengebäude ist ein Denkmal der Industriekultur und war noch bis 1980 in Betrieb. Die alte Turbine hatte man jedoch in den 1970er-Jahren durch einen Elektromotor ersetzt. Die gotische **Backsteinkirche** stammt aus dem frühen 13. Jahrhundert und ist Johannes dem Täufer gewidmet. Den hölzernen Glockenturm erhielt das schmucke Gotteshaus 1885. Im Innern blieben ein gotisches Taufbecken aus dem 14. und eine geschnitzte Kreuzigungsgruppe aus dem 15. Jahrhundert erhalten.

Das nächste Dorf auf dem Weg, **Drzonowo** (ehemals **Drenow**), ist sehr klein und besitzt ein altes Bauerngut mit Park, eine Mühle, eine Kirche sowie eine Bahnstation aus dem 19. Jh.

Die Strecke führt über die Weiler **Nowogardek, Nowy Borek** und **Stary Borek** zurück zum Küstenradweg in Grzybowo, zurück ans Meer und nach Kolberg.

Kołobrzeg (Kolberg)
Kołobrzeg
Tour 6 Start
Deutsches Lapidarium
Parsęta
102
162
Zieleniewo
N
1000 m
Grzybowo
Korzystno
Przećmino
Błotnica
Stary Borek
Kolonia Stary Borek
Nowy Borek
Ostsee
Nowogardek
Drzonowo
Dębosznica
Backsteinkirche
Sarbia
Mühle
Głowaczewo
Błotnica
Łużenka
Karcino
Dźwirzyno (Kolberger Deep)
Rega
Jezioro Resko Przymorskie
6

Tour 7: Mit dem Rad von Kołobrzeg nach Ustronie Morskie (Henkenhagen)

Der Radweg zwischen den Seebädern Kolberg und Ustronie Morskie (Fischerhafen) gehört landschaftlich sicherlich zu den reizvollsten Etappen an der polnischen Ostseeküste.

Charakteristik: Leichte Radtour auf asphaltierten Radwegen

Strecke: Leuchtturm Kolberg – Park Zeromskiego – Kamienny Szaniec – Mola Beach – Ekopark – Ustronie Morskie und zurück

Entfernung: etwa 28 km hin und zurück

Dauer: ca. 2 Stunden Fahrzeit

Rückfahrt alternativ: vom Bhf. Ustronie Morskie mehrmals tgl. Züge nach Kolberg

Einkehrtipp: *Kamienny Szaniec und Fischerhafen in Ustronie Morskie*

Die Tour startet und endet am Kolberger Leuchtturm an der Persantemündung. Der deutlich **markierte** Radweg EuroVelo10 führt von dort an der Promenade (Aleja Nadmorska) direkt am Strand entlang, der **grün markierte** Radweg R10 („Bike the Baltic") führt vom Ausgangspunkt durch den Żeromski-Park. Beide Wege treffen sich bei Kamienny Szaniec (Waldenfelsschanze) und verlaufen auf asphaltiertem Grund bis Ustronie Morskie.

Fast durchweg haben wir bei dieser Tour das Meer und den Strand im Blick. Badepausen sind sicherlich hier und da eine willkommene Abwechslung. Den zentralen Kolberger Stadtstrand hat man vor einigen Jahren

mit Buhnen geschützt und rekonstruiert. Er ist jetzt wieder wie einst bis zu 100 Meter breit und zieht sich fast vier Kilometer bis zum neuen östlichen Bäderviertel mit mehreren Kur- und Wellnesshotels. Unterwegs liegt der gastronomische Knotenpunkt *Kamienny Szaniec,* die Waldenfelsschanze mit einem netten Strandlokal in bester Lage.

Weiter Richtung Osten wird der Sandstrand deutlich schmaler. An das Stadtgebiet schließt sich das Natur- und Vogelschutzgebiet **Ekopark** an. Es ist eine grandiose und ausgedehnte Salzmoorlandschaft mit brütenden Großvögeln. Hier nisten unter anderem Schwäne und Kraniche. Tausende Zugvögel rasten in den Herbstmonaten in diesem Feuchtgebiet. Besonders beeindruckend ist der kleine Dammweg Na Grobli, der quer durch das Schutzgebiet verläuft.

Die letzten Kilometer des Hinwegs schlängelt sich der Radweg durch einen Mischwald, immer wieder gibt es schöne Meerblicke. Bei **Ustronie Morskie** (Henkenhagen), das zwischen den beiden Weltkriegen zu den beliebtesten Seebädern an der Ostseeküste gehörte, steigen die Stranddünen zur bis zu 15 Meter hohen Steilküste an.

Der von vielen Cafés und Pubs gesäumte **Promenadenweg** verläuft zum Teil hoch über dem auch hier sehr feinkörnigen, doch schmalen Sandstrand. Auffallend viele Buhnen schützen die Uferregion davor, dass die Strömung den Sand abträgt. Drei kleinere **Seebrücken** führen ins Meer, nah nebeneinander. Die mittlere Mole, molo Busola, führt von der Promenade über den Sandstrand und besitzt ein Restaurant mit Cocktailbar. Die östliche Seebrücke zweigt vom kleinen Fischerhafen ab, der auf der hohen Stranddüne liegt – ein herrliches mit stattlichen Rotbuchen umgebenes Plätzchen mit bunten Kuttern, Räuchereien, mit Terrasse und Meerblick. Köstlich der Fisch der Braterei.

Reisepraktisches

▼ *Am Fischerhafen von Ustronie Morskie*

Klima & Reisezeit

An der polnischen Ostseeküste herrscht weitgehend mildes, maritimes Klima mit kontinentalen Einflüssen. Am wärmsten sind die Sommerurlaubsmonate Juli und August. Die Abende sind aber meist vergleichsweise kühl und es regnet relativ oft, wenn auch fast immer nur kurz. Regenfeste und warme Kleidung sollte daher im Urlaubsgepäck nicht fehlen. Die Wassertemperatur der Ostsee knackt erst seit einigen Jahren im Hochsommer regelmäßig die 20-Grad-Marke. Für einen ruhigen Ostseeurlaub mit Strandvergügen und ohne Massentourismus eignen sich die Monate Mai/Juni und September/Oktober am besten. Hier gibt es oft lange Schönwetterperioden. Das ist auch die beste Reisezeit für Wanderer, Radler und Naturfreunde – sowie Preisbewusste. In den größeren Seebädern boomt seit mehreren Jahren ebenso wie an der deutschen Ostseeküste ein Weihnachts- und Silvestertourismus.

Hinkommen

Nützliche Infos über Verbindungen nach Polen gibt es auch auf der Internetseite des Polnischen Fremdenverkehrsamtes:

Polnisches Fremdenverkehrsamt
Hohenzollerndamm 151, 14199 Berlin |
Tel. (030) 2 10 09 20 |
www.polen.travel/de

Mit der Bahn

An die polnische Ostseeküste Westpommerns kommt man am günstigsten über Szczecin (Stettin). Von dort fahren täglich mehrere Regionalzüge als Direktverbindung zu den größeren Seebädern Międzyzdroje (Misdroy) (Fahrzeit ca. 1,5 Stunden), Świnoujście (Swinemünde) (Fahrzeit 1,5 Stunden) und Kołobrzeg (Kolberg) (Fahrzeit 2–3 Stunden).

Mit dem Bus

Es gibt zahlreiche gute Verbindungen zwischen deutschen Städten und Szczecin (Stettin) und auch direkt zu einigen polnischen Seebädern, et-

Klimatabelle Polnische Ostsee

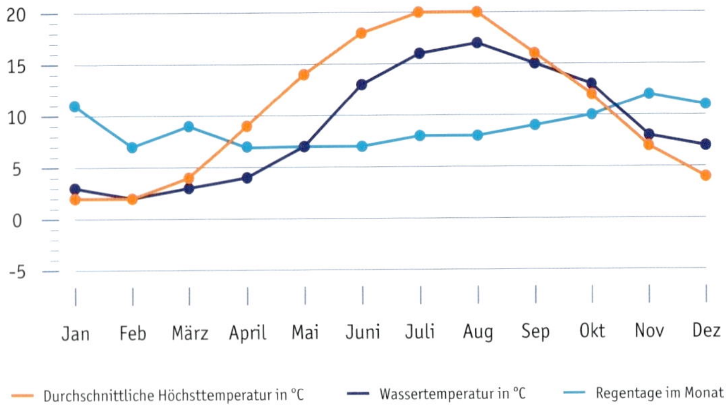

Sonnenuntergang am Strand von Swinemünde

wa Świnoujście (Swinemünde) und Kołobrzeg (Kolberg). Veranstalter sind unter anderem die Deutsche Touring GmbH und Flixbus.

Mit dem Auto

Auch mit dem PKW erreicht man die polnische Ostseeküste am günstigsten und schnellsten über Stettin. Von Berlin führt die A 11, von Lübeck die A 20 dorthin. Die Schnellstraße E 65/3 verbindet Stettin mit Swinemünde und Międzyzdroje (Misdroy), die Küstenstraße 102 reicht von Misdroy bis nach Kolberg.

Übers Wasser

Die größeren Seebäder Swinemünde, Kamién Pomorksi (Cammin), Dziwnów (Dievnow), Dźwirzyno (Kolberger Deep) und Kolberg besitzen eine Marina mit Anlegeplätzen.

Mit dem Flugzeug

Am ehesten sind die Flughäfen in Heringsdorf auf Usedom und Stettin-Goleniów interessant. Nach Stettin gibt es so gut wie keine Direktflüge von der DACH-Region.

Unterwegs an der Küste

Die schönste Art, sich an der Küste fortzubewegen, ist sicherlich das Radfahren. Viele **Radwege** sind in den letzten Jahren gebaut worden, neue sind in Planung. Vergnüglich und gesund sind Strandwanderungen zwischen den Seebädern. Preislich günstig sind die Busfahrten mit der staatlichen Busgesellschaft (PKS).

In der Hauptsaison verkehren die **Busse** zwischen den Seebädern mindestens stündlich, meist auch öfter. Darüber hinaus pendeln an der Küste regelmäßig private Kleinbusse wie etwa die grünen Emilbusse in der Region zwischen Swinemünde, Misdroy und Kamién Pomorski (Cammin). Kinder bis sieben Jahre fahren mit 50 Prozent Rabatt, Kinder unter vier Jahren gratis. Das Bahnnetz dagegen ist an der Küste nur schlecht ausgebaut.

Am Strand von Rewal

Nur die **Küsten-Schmalspurbahn** pendelt in den Sommermonaten täglich mehrmals zwischen den Seebädern Trzęsacz (Hoff), Rewal (Rewahl), Sliwin (Schleffin), Niechorze (Horst) und Pogorzelica (Fischerkathen). Unterwegs kann man aussteigen, um zu baden, um Ortschaften oder Sehenswürdigkeiten zu besuchen – etwa die Kirchenruine von Trzęsacz (Hoff) oder den Leuchtturm von Niechorze (Horst). Außerdem kann man in dem Bähnchen auch die Fahrräder mitnehmen.

Fast durchweg gut sind heute die **Straßenverhältnisse.** Die Woiwodschaftsstraßen 102 und 109, in etwa vergleichbar mit den deutschen Bundesstraßen, führen zwischen Swinemünde und Kolberg meist nah, aber selten direkt an der Küste entlang.

Übernachten

Den Urlaubern in den polnischen Ostseebädern steht mittlerweile ein riesiges Bettenangebot zur Verfügung. Die Zahl der Hotels in Polen hat sich in den letzten 10, 15 Jahren vervielfacht. Die polnische Ostseeküste bietet Passendes für jeden Geschmack

Preissymbole

Unser Preissystem für empfehlenswerte Hotels, Ferienwohnungen und Pensionen:

€	= bis 80 Euro (bis ca. 347 zł)
€€	= von 80 bis 130 Euro (von 347 zł bis ca. 564 zł)
€€€	= über 130 Euro (über 564 zł)

Die Angaben beziehen sich auf das günstigste Doppelzimmer pro Nacht in der Hauptsaison inkl. Frühstück (bei Ferienwohnungen exkl. Frühstück). Da die Preise häufig wechseln, sind die Angaben nur als ungefähre Richtlinien zu verstehen.

und jeden Geldbeutel. Der Standard der Unterkünfte entspricht längst mitteleuropäischem Niveau. Angeboten werden immer mehr Zimmer in Vier- bis Fünfsternehotels mit umfangreichen Wellness- und Spabereichen. In allen Bädern gibt es komfortable Apartments und Pensionen, aber auch preisgünstige, einfache Privatzimmer sowie zahlreiche strandnahe Campingplätze. An den privaten Unterkünften sind oft Schilder zu sehen mit den Aufschriften „wolne pokoje" (freie Zimmer) oder „noclegi" (Übernachtung), der Hinweis „brak" bedeutet belegt.

Wo Sie auch übernachten möchten, für die Monate Juli und August ist eine frühzeitige Buchung um die sechs Monate vor Reisebeginn unbedingt nötig. Die Übernachtungskosten sind natürlich je nach Ausstattung sehr unterschiedlich und schwanken außerdem saisonal.

Die polnischen Hotels sind nach dem internationalen Sternesystem klassifiziert und daher mit westeuropäischen Hotels vergleichbar. Für die Übernachtung in einem modernen 5-Sterne-Wellnesstempel im polnischen Kurbad Kolberg – wie etwa dem *Aquarius Spa* – bezahlt man in der Hauptsaison für das Doppelzimmer mit Frühstück rund 200 Euro, in einem entsprechenden 5-Sterne-Hotel im deutschen Kaiserbad Ahlbeck auf der Insel Usedom – etwa im renommierten *Ahlbecker Hof* – gut 30 Prozent mehr. Dieser deutsch-polnische Preisunterschied gilt auch für die meisten Mittelklassehotels im 3-Sternebereich.

In der Nebensaison wird verstärkt mit Rabatten um Gäste geworben. Viele Hotels in den größeren Seebädern sind ganzjährig geöffnet.

Buchtipp: Pommern – Rezepte, Geschichten und historische Fotos

von *Hannelore Doll-Hegedo* (*Bassermann Verlag 2013*) Rezepte für traditionelle Pommersche Hausmannskost wie Gänseklein wechseln sich mit Anekdoten, Geschichten und historischen Fotos ab.

Medientipps

Presse

Świnoujście ist eine kostenlose deutsch-polnische Touristenzeitung für die Inseln Usedom und Wolin. Erhältlich in den Touristinformationen von Swinemünde, Ahlbeck, Heringsdorf und Bansin.

Internet

Infos zu Unterküften:
www.travelnetto.de
www.hotele.pl (poln. oder engl.)
www.darpol.de

Geschichte Pommerns, Stadtführer, Restaurantempfehlungen:
www.polnischeostseekueste.de

Praktische Reisetipps, Hintergrundberichte, historische Dokumente:
www.ostsee-urlaub-polen.de

Alles Wichtige rund ums Campen in Polen. Auch Links zu Wander-, Rad- und Busreisen.
www.campingpolska.com

Die schönsten Strände

Die 500 Kilometer lange polnische Ostseeküste ist einzigartig in Europa. Sie bietet breite Strände, reizvolle Steilküsten und weite Dünenfelder.

Allein Westpommern bietet 185 Kilometer Küste mit Strandabschnitten, die zu den schönsten Europas zählen. Der **Strand von Swinemünde** ist der breiteste an der südlichen Ostseeküste. Hier ist der Sand fast wie Puderzucker. Am Strand von Swinemünde werden auch Strandkörbe vermietet – im Gegensatz zu den meisten anderen polnischen Seebädern.

Von der Swinemündung aus sind Strandwanderungen zu den nahe gelegenen deutschen Kaiserbädern Ahlbeck und Heringsdorf sehr beliebt. Seit der Grenzzaun verschwunden ist, ist der Ahlbecker FKK-Bereich das sicherste Indiz dafür, dass man sich bereits in Deutschland befindet.

Bei **Misdroy** (Międzyzdroje) ist der westliche Strandabschnitt wenig frequentiert und besonders erholsam. Nach Westen hin öffnet sich ein zehn Kilometer langer Strand, der bis zur Woliner Seite von Swinemünde führt. Nach Osten hin läuft man an der spektakulären Kliffküste entlang bis nach Wisełka (Neuendorf). Kaum weniger spektakulär liegt an einer weiteren Steilküste der **Strand von Rewal**.

Kleinode sind der naturbelassene und ruhige **Strand bei Rogowo** zwischen Mrzeżyno (Treptower Deep) und Dźwirzyno (Kolberger Deep) sowie der kilometerlange **Sandstrand östlich von Kolberg** in Richtung Ustronie Morskie (Henkenhagen).

Auch westlich von Kolberg, im grünen Vorort **Grzybowo,** kann man ruhige Strandtage verbringen. Hier werden auch Strandkörbe vermietet.

Puderweiche und fast weiße Sandstrände ziehen sich die ganze Küste entlang

Die flach abfallenden Strände eignen sich bestens zum Spielen

Mit Kindern

Polen ist ein ausgesprochen familienfreundliches Land, ähnlich wie Italien im Süden Europas. Es ist vollkommen unproblematisch, mit Kindern durch das Land zu reisen. Man findet hierfür beste Voraussetzungen sowie viele preisgünstige Angebote für einen erholsamen und erlebnisreichen Familienurlaub. Und ganz besonders am Meer. Schließlich gibt es wohl keinen schöneren Abenteuerspielplatz als einen samtweichen Sandstrand. Und davon hat die polnische Ostseeküste mehr als genug zu bieten – zum Sandburgenbauen oder Muschelnsammeln, in der Hochsaison mit Wasserrutschen und Trampolinen. Außerdem sind die Brandungsufer fast überall kinderfreundlich flach. Abenteuer und Attraktionen finden sich aber auch auf dem Wasser und in den Ortszentren sowie im Umland: Wikinger- und Piratenboote stechen in Swinemünde, in Dziwnów (Dievenow) und in Kolberg in See (► Seite 144). Ausflugsdampfer pendeln zwischen Swinemünde sowie Misdroy und den deutschen Kaiserbädern Ahlbeck, Heringsdorf und Bansin. Interessant und lehrreich ist das Slawen- und Wikingerdorf in Wolin an der Dievenow (► Seite 75).

Ein Vergnügen für die Familie ist der Ausflug mit der Küsten-Schmalspurbahn (► Seite 103) zwischen Trzęsacz (Hoff) und Pogorzelica (Fischerkathen). Vor den Toren Misdroys liegt der Woliner Nationalpark. Hier kann man sich am Wisentgehege dem „König der Wälder" bis auf wenige Meter nähern (► Seite 75). Familienfreundlich gestaltet sind die Anlage des Ostsee Dinosaurierparks in Wrzosowo (► Seite 89) und die Hortulus-Gärten bei Kolberg (► Seite 145).

Wissenswertes von A–Z

Autofahren
Achtung: In Polen muss das ganze Jahr über auch am Tage mit Abblendlicht gefahren werden!

Einkaufen
Beschränkt ist weiterhin zum Beispiel die Ausfuhr von Zigaretten (800 Zigaretten/Person) Alkohol (max. 10 l Spirituosen, 20 l Likörwein, 60 l Schaumwein, 90 l Wein und 110 l Bier) und Benzin (voller Tank plus 20 l im Reservekanister). Infos: www.zoll-d.de

Einreise
Da Polen zum EU- und Schengenraum gehört, benötigen EU-Bürger nur einen Personalausweis.

Geld
Das Zahlungsmittel in Polen ist der Złoty (zł, amtlich auch PLN). Ein Złoty entspricht 100 Groszy. Im Umlauf befinden sich Münzen mit dem Nennwert: 1, 2 und 5 Złoty sowie 1, 2, 5, 10, 20 und 50 Groszy. Banknoten sind zu 10, 20, 50, 100 und 200 Złoty im Umlauf. Aktueller Umtauschkurs unter: www.umrechner-euro.de

Wechselkurs (Stand Juni 2024):
1 Euro = ca. 4,15 Złoty
1 Złoty = ca. 23 Cent
10 Złoty = ca. 2,30 Euro

Bargeld in Euro können Sie in Wechselstuben (*kantor*) und an Hotelkassen (schlecht, da hohe Provision!) in polnische Złoty wechseln. In Wechselstuben an den Touristenpfaden (zum Beispiel Strandpromenaden) ist der Kurs meist sehr schlecht. Es gibt außerdem flächendeckend Geldautomaten (*bankomaty*). Dort wählt man entweder den Garantiekurs (nicht empfehlenswert) oder den tagesaktuellen Wechselkurs (empfehlenswert, da etwa um 10 % höher). Wegen der dabei anfallenden Gebühren durch die Hausbanken ist der Bargeldumtausch in den günstigen Wechselstuben vorteilhafter!

Handys
In Polen können deutsche Mobiltelefone überall problemlos genutzt werden. Seit 2017 entfallen auch in Polen die Roaming-Gebühren für die Internetnutzung der Smartphones.

Kreditkarten
In den meisten Hotels und in vielen Restaurants, großen Geschäften, Reisebüros, Tankstellen und Flugvertretungen werden Kreditkarten akzeptiert. Die gängigsten sind Euro Card, VISA, American Express, Diners Club, Master sowie JCB. Bei Verlust oder Diebstahl Ihrer Kreditkarte: Der zentrale Sperr-Notruf ist 0049 (Vorwahl Deutschland) 11 61 16 (24 Stunden).

Kurtaxe
Die Touristensteuer beträgt in Swinemünde und Kolberg jeweils 6,20 Złoty pro Person und Tag, in Misdroy 3,20 Złoty, in den kleineren Seebädern noch weniger. Mit den Geldern werden die Pflege des Strandes und touristische Investitionen finanziert, wie der Bau neuer Fahrradwege.

Medizinische Versorgung
Medikamente bekommt man in den zahlreichen Apotheken (*apteka*). Sie haben Mo–Fr in der Regel von 9–19 Uhr und am Sa bis 14 Uhr geöffnet. Notfallapotheken haben rund um die Uhr geöffnet, ihr Standort ist an den Türen aller Apotheken ersichtlich. Notfälle und notwendige Arztbesuche werden in der Regel über die Eu-

ropäische Krankenversicherungskarte EHIC behandelt (Rückseite Ihrer Gesundheitskarte). Arztbesuche, die kein Notfall sind, sollten mit der Krankenkasse abgesprochen werden.

Notfallnummern

Polizei: 997
Notarzt: 999
Feuerwehr: 998
Pannenhilfe: 981
Touristen-Notruf: in der Hauptsaison (Juni–Sep.) 0800 200 300 (vom Festnetz gebührenfrei) und
(00 48) 6 08 59 99 99 (vom Handy oder Festanschluss, gebührenpflichtig).
Bei Autopannen wenden Sie sich an die Pannenhilfe des Polnischen Motorsportverbandes (PZM):
Tel. 00 48-22 5 32 84 44

Öffnungszeiten

Die meisten Geschäfte *(sklep)*, Banken, Postämter *(poczta)* und Wechselstuben haben Mo–Fr von 9–18 und Sa bis 14 Uhr geöffnet. Lebensmittelgeschäfte in den Seebädern in Strandnähe auch länger. Alle Geschäfte sind an Sonntagen geschlossen – außer an sieben sogenannten Handelssonntagen im Jahr.

Sicherheit

Vorurteile halten sich bekanntlich hartnäckig. So mag man es vielleicht kaum glauben: Polen zählt zu den europäischen Ländern mit der niedrigsten Kriminalitätsrate! Wie üblich gilt natürlich besondere Vorsicht an Bahnhöfen, Flughäfen und in Zügen. Keinesfalls sollte man Wertgegenstände im Auto zurücklassen. Am besten benutzt man bewachte Parkplätze, *parkingi strzeżone*.

Tanken und Laden

An allen Tankstellen, *stacja benzynowa*, können Sie bleifreies Benzin tanken. Die entsprechenden Zapfsäulen sind mit einem durchgestrichenen Pb gekennzeichnet, Diesel mit ON *(Olej Napędowy)*. Man bekommt folgende Treibstoffe: 98E (Europlus: bleifrei, Oktanzahl 98), 95E (Eurosuper, bleifrei, Oktanzahl 95, mit E10), ON: Diesel. Die Benzinpreise liegen im Durchschnitt um 15 bis 20 % unter dem deutschen Preisniveau. Außerdem gibt es in Swinemünde, Kolberg und generell überall an der westpommerschen Küste Stationen für Elektroautos.

Trinkgeld

Das Trinkgeld, *napiwek*, sollte in den Restaurants für netten Service bei 8–10 % liegen. Entweder zusammen mit dem Rechnungsgeld, indem man aufrundet, oder separat. Bezahlt wird *osobno* (getrennt) oder *razem* (zusammen).

Verständigung

Englische und deutsche Sprachkenntnisse sind in Polen mittlerweile weit verbreitet, besonders in den touristischen Zentren. Weder in den Unterkünften noch in den Restaurants gibt es gewöhnlich größere Sprachprobleme. Zudem sind die meisten Speisekarten dreisprachig: Polnisch, Deutsch und Englisch.

Vorwahlen

Von Polen nach Deutschland: 0049 (dann Ortsvorwahl ohne Null).
Von Deutschland nach Polen oder mit deutschem Handy innerhalb Polens: 0048 (dann Ortsvorwahl ohne Null).

Etwas Polnisch für unterwegs

Bei den Konsonantenhäufungen im polnischen Schriftbild handelt es sich um Buchstabengruppen, die nur einen Laut bezeichnen: sz=sch wie Schal, cz=tsch wie Tscheche, rz=stimmhaftes sch wie Journal, dż=dsch wie Dschungel. C lautet wie das deutsche tz und nie wie ein k. Y ist ein dumpfer i-Laut, z ein stimmhaftes s wie im deutschen Wort Sahne und r ein gerolltes Zungen-R. Vokalkombinationen werden stets als separate Buchstaben gesprochen, wie bei Museum. Die Betonung liegt fast immer auf der vorletzten Silbe.

Die diakritischen Zeichen:
Ą, ą offenes nasales o wie „Bonbon"
Ć, ć weiches tsch wie „Entchen"
Ę, ę nasales e wie „Cousin"
Ł, ł u-ähnlicher Laut wie das englische „western"
Ń, ń weiches n wie „Cognac"
Ó, ó u wie „klug"
Ś, ś weicher sch-ähnlicher Laut wie bei „ich"
Ż, ż (=rz) stimmhaftes sch wie „Journal"

Allgemeines

Guten Tag | dzień dobry *[dschjenn dobbre]*
Guten Abend | dobry wieczór *[dobbre wjetschur]*
Gute Nacht | dobranoc *[dobra noz]*
Auf Wiedersehen | do widzenia *[do wid senia]*
Danke | dziękuję *[dschjen kuje]*
Bitte | proszę *[pro sche]*
Tschüss | cześć *[tscheschtsch]*
Ich bin hier auf Urlaub | jestem tu na urlopie *[jes tem tu na ur lo pie]*
Entschuldigung | przepraszam *[psche pra scham]*
Ich heiße... | nazywam się *[na se wam schau]*
Wo ist...? | gdzie jest…? *[gdsche jest…?]*
Wann...? | kiedy…? *[ki ede…?]*

Zeitangaben

Montag | poniedziałek *[ponietscha*
Dienstag | wtorek *[we to rek]*
Mittwoch | środa *[schro da]*
Donnerstag | czwartek *[tschar tek]*
Donnerstag | czwartek *[tschar tek]*
Freitag | piątek *[pi on tek]*
Samstag | sobota *[so bo ta]*
Sonntag | niedziela *[nie tsche la]*
Feiertag | święto *[schwi en to]*
Minute | minuta *[mi nu ta]*
Stunde | godzina *[god schi na]*
Tag | dzień *[dschen]*
Woche | tydzień *[tid schen]*
Monat | miesiąc *[mie schonz]*
Jahr | rok *[rok]*
heute | dzisiaj *[dschi schaj]*
gestern | wczoraj *[ftscho ra]*
morgen | jutro *[ju tro]*
morgens | rano *[ra no]*
mittags | w południe *[w po wud nie]*
nachmittags | po południu *[po po wud nio]*
abends | wieczorem *[wie tscho rem]*
nachts | w nocy *[w no ze]*

Notfall

Hilfe! | pomocy! *[po no ze]*
Polizei | policja *[po liz ja]*
Arzt | lekarz *[le kasch]*
Unfall | wypadek *[wi ba deg]*
(Auto)Panne | awaria *[awa ria]*

Unterwegs und im Hotel

Auto | samochód *[sa mo hud]*
Tankstelle | stacja benzynowa *[staz ja ben zi nowa]*
rechts | na prawo *[na pra wo]*
links | na lewo *[na le wo]*
geradeaus | prosto *[pros to]*
hier/dort | tutaj/tam *[tu taj/tam]*
Bank | bank *[bank]*
geöffnet | otwarte *[ot war te]*
geschlossen | zamknięte *[sam knien te]*
Geschäft | sklep *[sklep]*
wie viel...? | ile…? *[ile]*
Hotel | hotel *[hotel]*
Apartment | apartament *[a par ta ment]*
Einzelzimmer | pokój jednoosobowy *[po koj jed no oso bowe]*
Doppelzimmer | pokój dwuosobowy *[pokoj dwu oso bowe]*
Schlüssel | klucz *[klutsch]*
Gepäck | bagaż *[ba gasch]*
Preis | cennik *[zen nik]*
Rechnung | rachunek *[ra hu nek]*
WLAN | Wi-Fi *[wi-fi]*

Im Restaurant

essen | jeść *[jeschdsch]*
trinken | pić *[pidsch]*
Tisch | stół *[stuw]*
reservieren | rezerwować *[reserwo-wadsch]*
zahlen | płacić *[puat schitsch]*

Zahlen

0 | zero *[sä ro]*
1 | jeden *[jä dän]*
2 | dwa *[dwa]*
3 | trzy *[tsche]*
4 | cztery *[tsch te re]*
5 | pięć *[pi änsch]*
6 | sześć *[scheschtsch]*
7 | siedem *[schä dem]*
8 | osiem *[o schäm]*
9 | dziewięć *[dschä wi onsch]*
10 | dziesięć *[dschä schonsch]*
50 | pięćdziesiąt *[pi ensch dschä schont]*
100 | sto *[sto]*
1000 | tysiąc *[te schonz]*

Die wichtigsten Sätze

Wie heißen Sie? | Jak się pan (Mann)/pani (Frau) nazywa? *[Jak schau pan(i) na se wa?]*
Sprechen Sie...Deutsch...Englisch? |
Czy mówi pan/pani po niemiecku… angielsku? *[Dsche muwi pan/pani po njämjätzku … angjälsku?]*
Wo ist...? | Gdzie jest…? *[Gdsche jest…?]*
Wie viel kostet das? | Ile to kosztuje?*[Ile kosch tu je?]*
Haben Sie ein freies Zimmer? | Macie Państwo wolny pokój? *[ma tsche panstwo wol ne po koj?]*
Die Rechnung, bitte! | Poproszę rachunek! *[Po prosche ra hu nek!]*
Wo ist die Bushaltestelle/der Bahnhof? | Gdzie jest przystanek autobusowy/dworzec? *[Gdsche jest psche sta nek auto busowe/dwo schez?]*
Ich suche einen Geldautomaten/eine Wechselstube. | Szukam bankomatu/kantoru. *[Schu kam ban ko matu/kan toru]*
Gibt es hier WLAN? | Czy jest tutaj Wi-Fi? *[Tsche jest tu taj wi-fi?]*

Achtung! Uwaga!
Was in Polen anders ist

Autofahren
Viele Polen fahren recht rasant, etliche auch waghalsig. Auf den Schnellstraßen werden die Seitenstreifen beim Überholvorgang mitbenutzt. Dann fahren die Autos, die gerade überholt werden, nach rechts auf den Seitenstreifen. Da ist höchste Vorsicht vonnöten, denn dort sind Fußgänger, Pferdefuhrwerke und Radler unterwegs! In Polen muss auch am Tage mit Abblendlicht gefahren werden. Es gilt die 0,2-Promille-Grenze. Die Stoppschilder an Bahnübergängen ohne Schranken sind unbedingt zu beachten!

Höflichkeiten
Vielen Deutschen werden die ausgesprochenen Höflichkeiten im polnischen Alltag vielleicht übertrieben erscheinen. Männer helfen Frauen ganz selbstverständlich in den Mantel, lassen ihnen stets an der Tür den Vortritt, rücken ihren Stuhl zurecht oder küssen ihnen die Hand. Solche traditionellen Ehrerbietungen vor dem „schönen Geschlecht" sollte man einfach akzeptieren und nicht abfällig belächeln.

Kleiderordnung
Zu besonderen Anlässen, von der Taufe über Hochzeiten und Geburtstage bis hin zum Disco- und Theaterbesuch – stets ist ein elegantes Outfit obligatorisch.

Freikörperkultur
FKK ist im katholischen Polen strikt verpönt, auch „oben ohne". Hier und da gibt es aber einige abgelegene Strände, an denen FKK-Anhängern, den *naturyści*, das Nacktbaden erlaubt wird.

Kirchenkritik
Die meisten Polen sind sehr gläubige Katholiken, die die Jungfrau Maria und „ihren Papst" Johannes Paul II. tief verehren. Auf kritische Äußerungen sollte man besser verzichten.

Einladungen
Ein Markenzeichen der slawischen Seele ist ihr ausgeprägter Sinn für Gastfreundschaft. Unbegründete Ablehnungen von Einladungen kommen nicht gut an, können sogar persönlich genommen werden. Wer sich als Gast um eine Viertelstunde verspätet, kommt gerade zur rechten Zeit.

Zeitgefühl
Die Polen sind die Lateinamerikaner Europas. „Morgen" ist weit, unkonkret und ungewiss. Man macht sich nicht allzuviel aus Datum und Uhrzeit. Daraus ergeben sich oft Abweichungen in Raum und Zeit. Doch die Polen sind begabte Improvisatoren, Arbeiten werden nicht selten „fünf vor zwölf" beendet. Und die polnischen Züge sind sogar eher pünktlicher als die deutschen.

Liebe Leserinnen und Leser,

alle Angaben in diesem Reiseführer sind gewissenhaft geprüft. Trotz gründlicher Recherche unserer Autorinnen und Autoren können sich manchmal Fehler einschleichen. Wir bitten um Verständnis, dass der Verlag dafür keine Haftung übernehmen kann. Über Hinweise, Berichtigungen und Ergänzungsvorschläge freuen wir uns jederzeit:

via reise verlag
Berliner Straße 69
13189 Berlin
E-mail: post@viareise.de
www.viareise.de

3. komplett überarbeitete und neu gestaltete Auflage, Berlin 2024

ISBN 978-3-949138-42-3

Text & Recherche
Wolfgang Kling

Redaktion
Gabriela Dimitrieva, Julian Funke

Umschlagreihengestaltung
Nino Arndt

Herstellung
via reise verlag und Artegraph GbR, Berlin

Layout & Gestaltung
Annelie Krupicka

Kartografie
Annelie Krupicka, Julian Funke

Druck
Druckhaus Sportflieger, Berlin

MIX
Papier aus verantwortungsvollen Quellen
FSC® C104586
FSC www.fsc.org

Fotos
Wolfgang Kling, außer:
Artur Bociarski/stock.adobe.com 67; Bitfuerbit/Fotolia 16; CCat82/Stock.adoby.com 8-9; Dariusz Pokus/Fotolia 28; Dejan Gospodarek/Shutterstock.com 142; Dziewul/Shutterstock.com 133, 134; Emil Lazar/stock.adoby.com 56; gemeinfrei 21, 22, 29, 26–27, 45, 89, 107, 128–129; Grzegorz/stock.adoby.com 122; Henryk Sadura/stock.adoby.com 111; itsmejust/Shutterstock.com 125; janmiko/stock.adoby.com 135; Klaus Scheddel 44, 55; konradkerker/stock.adoby.com 101; Konrad Weiss/stock.adoby.com 70; marcins1987/stock.adoby.com 68; Melastmohican/stock.adoby.com 145; Mike Mareen/stock.adoby.com 110; M .G. Koperkiewicz/stock.adoby.com 95, 131, 139; mikesch112/stock.adoby.com 83; Olga Korowacka/stock.adoby.com 137; Robert Werner/pixelio 132; sid221/Fotolia 30 stockphotoVideo/stock.adobe.com 19; Studio Agaton/adoby.com 38–39; Till Beck/stock.adoby.com 84.

Umschlag vorn
Fischerboot in Rewal
(MaciejBledowski/stock.adobe.com)

Umschlagklappe vorn
Am Strand in Misdroy
(Wolfgang Kling)

Umschlag hinten
Blick auf Kolberg
(Grzegorz/stock.adoby.com)

Umschlagklappe hinten
Am Fischerstrand in Mistroy
(marcins1987/stock.adoby.com)

Kartenregister

Ortspläne

Tourenkarten

Kartensymbole

Übersichtskarte

Umschlagklappe vorn

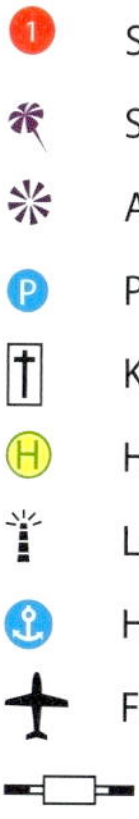

Sehenswürdigkeit
Strand
Aussichtspunkt
Parkplatz
Kirche
Haltestelle
Leuchtturm
Hafen
Flugplatz
Bahnhof

Polnische Ostseeküste zum Mitnehmen

Honig & Sanddorn aus Westpommern

Schon 1954 wurde im westpommerschen Dorf Biernatka die erste Bio-Imkerei Polens gegründet. Beste Sorten gibt es unter der geschützten Ursprungsbezeichnung *miód drahimski*. Die Sanddornprodukte gehören zu den gesündesten Souvenirs. In Bioläden wie Eko Wyspa, Ul. Grunwaldzka 1a, Swinemünde (Seite 61)

Bernstein

Millionen Jahre alt, künstlerisch verarbeitet zum Schmuckstück, erfreuen sich Bernsteine seit Jahrtausenden stetiger Beliebtheit als reizvolle Geschenke. Das honigfarbene „Gold des Baltischen Meeres“ zählt zu den attraktivsten Mitbringseln von einem Aufenthalt an der polnischen Ostseeküste (► Seite 16). Variantenreich in den Schmuckläden der größeren Seebäder.

Gurken (Ogórki) & Hering (Śledzik)

Das Besondere der Kolberger Gurke ist, dass sie mit dem Wasser der Soleheilquellen eingelegt werden. Der Kolberger Hering wird mariniert serviert (Rezept ► Seite 17). In den Kolberger Bioläden und auf dem Bauernmarkt.

Westpommersche Biere

Westpommerns Hauptstadt Stettin erlebt einen Boom an lokalen, oft familiären Mikrobrauereien, die nachhaltige Craft-Biere herstellen. An Westpommerns Küste erfreuen sich mehrere regionale Biere steigender Beliebtheit: Biere aus Kolberg, Rewal und Swinemünde.

In Bioläden, Supermärkten und Restaurants.